上海金融学院国际金融研究院学术著作丛书

人民币国际化的条件、潜能与推进战略

吴 君 著

中国财政经济出版社

图书在版编目（CIP）数据

人民币国际化的条件、潜能与推进战略／吴君著.—北京：中国财政经济出版社，2014.11

ISBN 978－7－5095－5782－2

Ⅰ.①人…　Ⅱ.①吴…　Ⅲ.①人民币－金融国际化－研究　Ⅳ.①F822

中国版本图书馆CIP数据核字（2014）第256718号

责任编辑：吕小军　　责任校对：徐艳丽

封面设计：思梵星尚　　版式设计：董生平

中国财政经济出版社 出版

URL：http：//www.cfeph.cn

E－mail：cfeph@cfeph.cn

社址：北京市海淀区阜成路甲28号　邮政编码：100142

营销中心电话：88190406　北京财经书店电话：64033436　84041336

北京财经印刷厂印刷　各地新华书店经销

787×1092毫米　16开12.75印张198 000字

2014年12月第1版　2014年12月北京第1次印刷

定价：26.00元

ISBN 978－7－5095－5782－2/F·4676

（图书出现印装问题，本社负责调换）

本社质量投诉电话：010－88190744

反盗版举报热线：88190492、88190446

序　言

今年是布雷顿森林体系创立70周年。我于4月和6月在杭州和上海召开的纪念布雷顿森林体系成立70周年的国际研讨会上，遇到美国哈佛大学教授Richard Cooper和英国金融管理局前主席Adair Turner，他们都是国际上很有影响的国际金融专家。但是他们分别在各自出席的会议上提出了相同的问题，即中国为什么要推进人民币国际化？人民币国际化对中国有什么好处？其实在国内关于我国政府是否应该积极推进人民币国际化也有很大争议。林毅夫曾经明确指出中国不应追求人民币国际化，中国推进资本账户开放是自毁长城。余永定则认为人民币国际化的条件尚未成熟，政府不应拔苗助长。可见人民币国际化的实践亟需理论解释并提供决策依据。

虽然我国关于人民币国际化的研究早在10年前就已开始，但是作为国家重大的对外金融战略则是2008年全球金融危机之后确立的。人民币国际化战略的确立有其重要的国际背景和国内背景。

国际背景要从20世纪70年代的两个全球重大事件说起。一个重大事件是1971年8月15日美国尼克松政府关闭黄金窗口。在此之前美元以35美元一盎司的官价与黄金挂钩曾是布雷顿森林体系的核心支柱，各国央行持有的美元储备可以向美国财政部以此官价兑换黄金。美国关闭黄金兑换窗口的违约行为直接导致了布雷顿森林体系的崩溃。此后摆脱黄金束缚的美元成为美国全球战略的重要政策工具。另外一个重大事件是1979年中国政府实施的改革开放政策。全球人口第一大国的对外开放成为70年代以来新一轮经济全球化的巨大推动力。

由此，可以称之为2.0版的经济全球化得到了快速的发展。经济全球化的2.0版与第一次世界大战前的1.0版有着本质的不同。前者是不同国家借助绝对与比较优势开展最终产品贸易，属于全球化的水平分工体系，比如法国的葡萄酒与英国纺织品的分工与国际贸易。2.0版则是由发达国家跨国公司主导的基于产业链的全球化垂直分工体系，产业内部和跨国公司内部贸易占很大比重，全球贸易、投资以及各国经济的对外依存度的快速增长。这种新型国际分工是发达国家可以跨境流动的资本和技术与发展中国家不可跨境流动的廉价劳动力和廉价土地资源的结合。由此产生了全球的经济多极化与国际货币单极化之间的矛盾和冲突。这是因为，以产业链为基础的垂直分工体系已导致可贸易品产业的全球布局与其最终需求的脱钩。这使发展中国家摆脱了“贫困的恶性循环”，一些新兴市场国家凭借廉价劳动力和土地资源优势，引进外资和技术得到了快速的增长，并形成了体现人口红利的持续贸易盈余。因此，参与新型国际分工的高成长发展中国家必须以国际储备资产的形式实现其部分国民财富的积累。财富本质上是壮年期的一代人创造的剩余产品跨期转换为老年期消费购买力的载体。因此，财富持有形式需要具有保值增值能力并提供流动性便利。由于美元的国际货币地位，美国国债市场的流动性与安全港性质，使得美国国债成为全球绝大多数发展中国家的国际储备资产。这种财富贮存需求是除清偿能力需求（流动性与自我保险需求）之外的新型国际储备需求。

其实对外不平衡（对外盈余或对外赤字）是人口代际不平衡通过国际循环平滑跨时期消费水平的重要途径。过于年轻的国家通常经历贸易赤字；壮年国家形成贸易盈余，并积累海外资产；老龄化国家将再度出现赤字并消耗海外资产。但是，当前全球经济的不平衡是结构性的，全球50%甚至70%的贸易赤字集中在美国。自20世纪70年代以来美国持续出现贸易赤字，对外债务不断增长。这是因为，随着资本外移，美国出现了产业空心化和对外国制成品供给的过度依赖。美国居民家庭长期以负债支撑过度消费，占全球5%的人口其消费则占了全球的30%。另外，美国海外的军事行动越来越成为亏本的买卖；而美国领先的高科技则不能或不愿用来换钱。通过印制美元便可轻而易举获得国际购买力的特权使上述这些问题发展到了积重难返的境地。

因此，经济全球化发展过程中，现行国际货币体系下国际储备资产需求与供给之间的结构性矛盾也日益加剧。如果全球除发达国家之外，新兴市场和发展中国家都必须以美国国债的形式持有其相当比例的国民财富，而支撑美国国债供给的美国经济与财政基础却变得日益脆弱，那么美元本位制的脆弱性日益加深，美元崩溃的系统性风险就将不断上升。

国际社会变革现行国际货币体系的要求显得越来越紧迫。2009年，中国人民银行行长周小川发表文章，提出在扩大SDR成员基础的前提下构建世界货币的建议。同年斯蒂格利茨领导的联合国专家组报告倡导扩大SDR的作用并借此过渡到全球储备货币体系。与此同时，欧洲官员与学者的改革话题也高度集中在如何发挥IMF和SDR的作用上。

我认为，国际社会以SDR为抓手的超主权货币变革方向，不仅不现实，而且有步入误区的危险。这是因为，由新兴经济体财富积累所驱动的国际储备资产需求不可能由毫无物质基础的记账货币SDR来满足。此外，SDR除了没有价值基础外，也无交易市场，无法推动民间使用，从而也无法作为官方的外汇市场干预货币。联合国方案主张各国以自由使用的货币换取SDR，但是基于国际社会无法控制各种自由使用货币的发行，SDR的供给或分配显然也极易出现失控。另外，各种超主权单一世界货币的创意大都源自凯恩斯的“bancor”。但是与凯恩斯当年面临的战后一片废墟相比，今天最大的不同是美元已经做大。超主权单一货币方案面临着美元无法退出这一不可逾越的障碍。

因此，未来国际货币体系改革的正确方向是构建具有内在稳定机制的多极化国际储备货币体系。其内在要求是：鼓励符合条件的高成长大国或大经济体的货币加入国际储备货币体系，使IMS能够拥有坚实而稳定的动态经济基础；强化多极国际储备货币的区域化特征，以形成互补性大于竞争性的共存关系；加强国际合作，引入国际浮动汇率的宽目标区管理制度和全球“托宾税”（Tobin Tax）以此推进单极向多极的平稳过渡，并控制多极化体系本身的不稳定性。因此，未来国际货币体系改革的一个核心内容是人民币国际化。因此，人民币成为国际储备货币是中国为构建稳定的国际货币体系所做的积极贡献。

此外，人民币国际化也是中国金融强国战略的重要组成部分。中国与大多数发展中国家一样，在对外经济活动中存在先天不足，即我们在对外贸易、投资和金融交易活动中不能以本币进行计价、结算和支付。因此在对外开放日益扩大的背景下，国民经济极易受到国际汇率波动的伤害。因此可以说，人民币国际化的最低目标或基本要求是通过海外大宗商品及金融资产与负债的人民币计价，使中国在对外经济金融活动中能够规避国际汇率波动包括美元本位制不稳定的风险。人民币国际化的最高境界或最终目标是通过强化政府的公信力，建立独立的能有效保护私有产权的法律制度，通过输出中国国债这样的金融资产动员和支配全球低成本资本，并通过大幅度提升中资企业和金融机构全球有效配置资源的能力，在促进全球经济发展的前提下获取国际投资高收益。也就是说，作为国际货币的发行国，中国将扮演全球银行的角色，低成本吸收储蓄，高收益对外实业投资，实现国家利益增进与全球福利增进的兼容。

人民币国际化实际上是中国建成金融强国的外在表现。而内部的经济金融转型与全面深化改革将是人民币国际化的内在修为，人民币国际化是中国金融强国建设的一个中间目标。两者具有逻辑上的一致性。未来作为全球第一的经济大国，人民币国际化是其经济金融强国建设的题中应有之义，因此，国内有争议很大程度上并非人民币要不要国际化，而是选择怎样的推进路径与方式，尽可能避免可能遇到的风险。

吴君同学的博士论文关于“人民币国际化的条件与潜能”的研究意义就在于总结国际经验，为人民币国际化推进路径的选择提供了分析依据。作者在两个方面作出了创新性贡献。

第一个创新性贡献是，使用时间跨度为1965～2010年的8种主要储备货币（美元、欧元、英镑、马克、日元、法国法郎、瑞士法郎和荷兰盾）占全球中央银行储备货币的比例以及相应发行国的各项宏观经济与金融变量进行了货币国际化条件的实证分析。得到了两个具有重要现实意义的结论：其一，货币发行国的经济规模以及货币在国际贸易与金融交易中形成的网络外部性是最稳定的决定因素。这提示我们，中国作为全球第二经济大国（并且很快将成为全球最大经济体），人民币成为国际货币是顺理成章的事，反之人民币如果不能成为国际货币，则说明我们一定有什么事情没有做对。另外，除非美国自身出现大麻烦，由于网络外部性，人民币不可能也不应该替代美元，而是寻求与美元形成互补关系。其二，汇率的波动性与货币的国际化负相关，或者说，汇率稳定有利于货币的国际化。关于日元国际化的研究也证明了这一点。这些实证分析支持了人民币汇率制度改革的窄目标区管理浮动方案。并且明确中国成功推进人民币国际化，要求国际社会加强对国际汇率波动和资本流动的管理，否则中国资本账户开放会有高风险。

另一个创新性贡献是对人民币国际化的潜能实施了“反事实仿真”（Counter-Factual Simulation）分析。仿真分析给出了三种情境假设下运用三种模型得到的9种潜在可能的路径。其中关于路径依赖的惯性力量和“临界点现象”（Tipping Phenomenon）也给人民币国际化推进方案的设计提供了重要启示。据此，我们提出了人民币国际化“前期稳健创造国际需求、后期激进释放人民币资产供给”的推进策略，以国家宏观规划与微观企业和金融机构整体发力，一举突破临界点限制，取得人民币国际化的成功。我认为，2030年以全球外汇储备占比指标看，人民币国际化程度有可能达到15%左右的水平。就目前的发展态势观察，人民币成为美元、欧元之后第三大国际储备货币的进程可能比我们预期更快。

吴君的博士论文也存在不足的地方。首先没有“看上去很美”数理模型。我的看法这也算不上什么不足。博士论文如果有很复杂的数理模型及很高超的技术运用，但没有思想，费很大劲得出的仍是一些基本常识，那么尽管我看不懂这样的博士论文，但我仍可以凭直觉“实用主义”地判定它并不是一篇好的博士论文。另外论文的模拟分析以国际经济和国际货币环境保持不变的假设为前提是有局限性的，因为当今世界只有不确定本身才是确定无疑的。

吴君同学曾经是我在华东师范大学国际金融系任教时的硕士生，毕业后先到同济大学经济管理学院金融系执教，后辗转香港科技大学经济系和上海交通大学现代金融研究中心，并在上海交通大学安泰经济管理学院金融系再次成为我的博士生。她最大的优点是坚韧不拔，乐于做研究。在此祝愿她不断进步，生活美满！

潘英丽

2014年11月7日于上海

绪　言①

发展中国家参与全球化的一个不利因素就是本国在国际市场的贸易和金融交易大都用外币而非本币计价，从而国际汇率的大幅度波动会使本国经济遭受巨大损失。1997年，在美元持续升值的情况下，泰国出现巨额贸易赤字和外汇储备枯竭，并最终放弃盯住美元的固定汇率制。泰铢兑美元汇率从25泰铢贬为52泰铢。持有美元外债的商业银行因本币债务负担翻倍而纷纷陷入破产，引发了"东南亚金融危机"，并扩散至俄罗斯和拉美等更多国家及地区。与20世纪不同的是，21世纪美元持续贬值，中国虽然赢得了出口和经济的高速增长，但大规模积累的美元储备资产却遭遇重大购买力损失，为防范危机而大规模积累美元储备的亚洲发展中国家再次受到伤害。弱小国家需要通过国际社会约束国际汇率波动来维护自身利益，而中国则有可能通过推进人民币国际化来摆脱这种被动局面。

2008年"全球金融危机"爆发后，中国政府确立了

① 本书得到2009年国家哲学社会科学基金重点项目"国际金融体系调整与我国对策研究"（09AJY003）以及上海交通大学现代金融研究中心与同华投资集团公司合作研究项目"国际货币体系演变与重构"的资助。作者感谢香港科技大学商学院原院长（现香港岭南大学校长）郑国汉（Leonard K CHENG）教授、香港科技大学经济系Edwin Lai教授、瑞银（UBS）的庄永真女士、阿里巴巴（Alibaba）的庞昂博女士、复旦大学经济学院金融系林曙教授、上海交通大学安泰经济管理学院经济系吴冲锋教授、何振宇和朱喜副教授以及华东师范大学商学院金融研究院执行院长李巍教授的宝贵意见与大力支持。

人民币国际化的基本政策，并从2009年开始推进人民币跨境贸易结算的试点。但人民币跨境贸易结算试点推进3年来产生了80%以上为进口结算的“跛足”现象，事与愿违地积累了更多的外汇储备，产生了更大的汇率风险。此外，内地与香港特区之间套利活动引起的资本跨境流动也引起了学者的担忧。学术界与实业界产生了人民币国际化是应该仍以现有的贸易结算路径继续推进，还是暂停下来总结经验教训的意见之争。可见，总结国际储备货币的成长经验、明确货币国际化的主导因素及其基本条件、探索人民币国际化的潜能，对于给出正确的顶层设计以确定人民币国际化的推进战略具有十分重要的政策意义与学术价值。

本书首先梳理了自1344年世界第一枚金币在英国流通至今，主要国际货币（英镑、美元、德国马克、欧元和日元）长达669年的国际货币竞争史，从中归纳货币国际化的一般规律即货币发行国的经济实力、金融市场、币值稳定、资本账户开放及其在国际金融与贸易交易中的“网络外部性”（Network Externality）是货币国际化的基本条件。

然后，利用1965~2010年全球8种主要储备货币（美元、欧元、英镑、马克、日元、法国法郎、瑞士法郎和荷兰盾）发行国的宏观经济与金融数据量化货币国际化基本条件变量，并实证分析决定储备货币国际地位的显著变量。结果显示：经济与贸易规模和“网络外部性”是决定货币国际地位的主导因素、汇率波动显著不利于货币国际化发展、资本账户开放有利于货币国际地位提高。

接着，选取国际权威机构的公开数据实证解读人民币国际化的基本条件，并选取美国、英国、法国、德国和瑞士等主要储备货币发行国以及巴西、印度、俄罗斯（苏联）[1] 等“金砖五国”

① 全书个别数据自1965年至2010年，为保持连续，苏联、俄罗斯数据统一放一栏，即以俄罗斯（苏联）表示。

的相应数据与中国相应指标实施跨国比较。得出如下结论：基于中国经济规模全球第二、贸易规模世界第一，以及人民币汇率近20年持续稳定升值的事实，人民币国际化已具备基本条件。

随后，采用8种主要储备货币45年历史数据实证分析所获参数，在一定基本假设与情景假设下将中国宏观经济与金融相关数据代入对应模型，对2011～2025年人民币国际化的潜能实施“虚拟事实仿真”（Counter－Factual Simulation）。结果揭示：人民币在未来15年具有超过日元和英镑目前水平，成为继美元和欧元之后全球第三大国际货币的潜能。

为了对人民币国际化推进战略实施理论与实证的分析与佐证，分别基于IS－LM－BP模型和多元向量自回归（Vector Auto－Regression，VAR）模型对人民币国际化的推进战略实施静态与动态分析。在IS－LM－BP模型的理论框架下，用1998年1月至2011年4月相关中国宏观经济的月度数据对中国IS－LM－BP模型进行修正。结果显示：中国已经具备市场经济的基本特征，修正后的中国IS－LM－BP模型可以用于人民币国际化推进策略的理论推理。进一步的分析揭示，人民币资本账户开放将加大中国经济波动；固定汇率制度下，无论资本账户开放程度如何，中央银行利用货币政策调节经济的独立性都被维持汇率稳定的责任和义务冲销；而浮动汇率制度下，汇率大幅波动会对经济发展形成冲击。以上分析的政策含义是，在人民币国际化初期，汇率制度安排宜于选择人民币管理浮动汇率制度。待人民币国际化积蓄一定能量后再进一步开放人民币资本账户。

全书最后对包含经济增长、汇率稳定和资本账户开放等3个内生变量的VAR模型实施动态分析，并通过格兰杰因果检验（Granger Causality Test）、脉冲响应函数（Impulse Response Function）以及方差分解（Variance Decomposition）等多种计量技术，对人民币国际化各项推进战略之间的动态联动关系实施全面研究。

Granger因果检验揭示人民币资本账户开放是经济增长波动的Granger原因、人民币汇率波动是经济增长波动的Granger原因。脉冲响应函数分析进一步证实人民币资本账户开放短期内会使经济增长下滑并加剧汇率波动，汇率波动短期会使经济增长下挫。可见经济增长、汇率稳定和资本账户开放的战略目标之间存在矛盾：资本账户开放与经济稳定增长不能同时兼得，资本账户开放与汇率稳定也不能同时兼得。因此人民币国际化推进战略的选择需要权衡与取舍。

基于IS－LM－BP模型的静态分析以及VAR模型动态分析结果，提出推进人民币国际化战略的政策建议为：人民币国际化应该通过加速中国经济转型和金融改革来促进中国经济持续增长、通过鼓励金融资本和实业资本到以亚洲为主的海外实体扎根来建立人民币在国际贸易和金融交易中的“网络外部性”、通过选择“盯住一揽子货币”可调整汇率制度来稳定人民币汇率以及通过在合适的时机以适合的方式开放人民币资本账户来打破在位货币的“网络外部性”。概括而言就是：人民币国际化在未来15年应遵循“前期稳健创造人民币国际需求，后期激进释放人民币海外供给”推进战略。

目录 Contents

第一章

导 论

第一节 选题背景和意义

发展中国家参与全球化的一个非常不利的因素就是，本国在进行国际市场贸易和金融交易时大都用外币（而非本币）计价，从而国际汇率的大幅度波动会使本国经济遭受巨大损失。20 世纪 90 年代，在美元持续升值造成贸易赤字和外汇储备枯竭的情况下，泰国放弃盯住美元的固定汇率制。泰铢兑美元汇率从 25 泰铢贬为 52 泰铢。持有美元外债的商业银行因本币债务负担翻倍而纷纷陷入破产，引发了 1997 年东南亚多国的混合型金融危机，并扩散至俄罗斯和拉美等更多国家及地区；与 20 世纪不同的是，21 世纪美元出现持续贬值，中国虽然赢得了出口和经济的高速增长，但是大规模积累的美元储备资产遭遇了重大的购买力损失，美元针对 16 种大宗商品的购买力21世纪以来已贬值75.6%。[①] 为防范危机而大规模积累美元储备的亚洲发展中国家再次受到了不小的伤害。为此，弱小国家的利益需要通过国际社会约束国际汇率波动来维护。而中国则有可能通过人民币国际化摆脱这种被动局面。

2008年全球金融危机爆发后，中国政府确立了人民币国际化的基本政策，并从2009年开始推进人民币跨境贸易结算的试点。但是人民币跨境贸易结算试点推进3年以来，产生了80%以上为进口结算的"跛足"现象，结果事与愿违地积累了更多的外汇储备，产生了更大的汇率风险。此外，内地与中国香港之间套利活动引起的资本跨境流动也引起了学者的担忧。于是，学术界与实业界产生了人民币国际化是应该仍以现有的贸易结算路径继续推进，还是暂停下来总结经验教训的意见之争。[②] 世界银行副行长、首席经济学家林毅夫（2012）提出人民币国际化条件不成熟的看法，他认为，中国不应把人民币成为国际储备货币作为追求的目标，开放资本项目是"自毁长城"。由此可见，总结国际储备货币的成长经验，明确货币国际化的主导因素及其基本条件，探索人民币国际化的潜能，对于中国确定人民币国际化的推进战略，给出正确的顶层设计具有十分重要的政策意义，对于认识国际货币未来的动态变化趋势也有重要的学术价值。

第二节 文献综述

一、货币国际化的研究

（一）货币国际化的定义

最早的货币国际化研究始于20世纪60年代，早期的一些学者关注美元

---

① 第一财经研究院（2011）。

② 中国社会科学科院学部委员余永定（2011）认为，人民币国际化的实质是资本跨境流动的自由化，应暂停推进人民币国际化，总结前期经验教训。而央行、香港特区和市场的部分研究者则认为，人民币"跛足"现象等问题是人民币国际化前期不可避免的，不足为虑（张明，2011）。

国际化对美国内外经济影响。Triffin（1961）最早指出，在布雷顿森林体系下，美元汇率稳定和为全球提供清偿力是两个相互矛盾、无法兼顾的目标，这是布雷顿森林体系自身无法克服的制度性缺陷，即“特里芬难题”（Triffin Dilemma）。Lindert（1969）研究了布雷顿森林体系下的中心货币美元与英镑及黄金之间的关系。Aliber（1964）和 Bergsten（1975）认为国际化的美元削弱了美国货币政策的独立性，降低了美国用汇率政策调节进出口的能力。

货币国际化的定义是货币国际化研究的重要内容。Cohen（1971）指出，货币国际化就是指货币发行国以外的私人部门和官方机构使用该种货币。Tavlas（1997）认为，货币国际化指一种货币在发行国以外的国际交易中被当作交易媒介、记账单位和价值储藏手段。Hartmann（1998）按货币的 3 种基本职能在货币行政当局及私人部门的不同运用对货币国际化进行了具体定义（见表 1－1）。

表 1－1　　国际货币化的定义

货币职能	官方运用	私人运用
交易媒介	干预外汇市场和平衡国际收支	国际贸易和资本交易的交换媒介
记账单位	维护本币汇率平价	商品贸易和金融交易计价
价值储藏	储备资产	私人部门选作金融资产

资料来源：Hartmann（1998）.

Mundell（2003）认为货币国际化指一国货币超出法定区域外的流通。日本财政部（1999）将日元国际化定义为“提高海外交易及国际融资中日元使用的比例，提高非居民持有的以日元计价的资产的比例，特别是提高日元在国际货币制度中的作用，以及提高日元在经常交易、资本交易和外汇储备中的地位”。

（二）货币国际化的理论

西方学者对货币国际化的理论研究进行了探索及发展：Matsuyama、Kiyotaki、Matsui（1993）创建了两国（本国及外国）两币（本币及外币）理论模型，用以分析一国的哪些经济特征有助于本币成为国际货币的潜在竞争者。在此模型中，货币的使用有三个均衡点：①地方性货币：本币在本国使用，外币在外国使用，没有国际交易；②单一媒介货币：一种货币只在本国使用，另一种货币则同时在本国和外国使用；③双重媒介货币：本币和外币都能同时在本国和外国使用。经济一体化程度越高，两种货币共存的可能性越大。经济开放度是货币国际交易运用的决定因素。且国家的经济规模越大其货币能成为国际主要媒介货币的可能性也越大。Friberg（1998）认为国际贸易的计价货币可以是本币，也可以是贸易伙伴国货币，还可以是第三国货币。该研究从理论上证明计价货币的选择取决于利润函数形状，以及用方差表示的、本币与贸易伙伴国货币之间、第三国货币与贸易伙伴国货币之间汇率的不确定性程度。如果利润函数是汇率的凹函数，且第三国货币与贸易伙伴国货币之间汇率的波动小于本币与贸易伙伴国货币之间汇率的波动，第三国货币将成为计价货币。Duddington（1998）对与国际货币相关的宏观经济理论做了详尽综述。Hiroyuki（2003）认为，如果同时进行贸易和资本交易，企业为了最小化其汇率风险倾向于两种交易用同一种货币。该研究利用局部均衡模型证明：在垄断环境下，如果本国出口商的利润函数是汇率的凸函数，本国货币成为计价货币；如果本国出口商的利润函数是汇率的凹函数，出口目的国货币成为计价货币。在寡头垄断下，如果本国出口商的利润函数是汇率的凸函数，本币作为计价货币；如果本国出口商的利润函数是汇率的凹函数，则分两种情况：本国市场份额较小，以出口目的国货币计价，否则以本币计价。

（三）货币国际化的条件

国际化货币所具有的特质也是学者们研究常常涉猎的范围。Brinley（1975）发现英镑拥有国际货币特权后，这种特权具有“历史继承性”（亦称“网络外部性”）。Tavlas（1990）也证明国际货币的使用具有“网络外部性”。Trejos（1995）和 Wright（1996）指出，国际化货币比非国际化货币在国外的购买力大，但却不如在国内的购买力大。Rey（2001）证明成为国际媒介货币的货币是开放度最大国家与其他货币交换成本最低的货币。Devereux 和 Engel（2001）发现本国和外国的企业会选择具有最小货币供给变化国家货币作为计价货币。

很多学者对货币国际化的条件进行了有益的探讨。Andrew（1961）认为一国的经济实力决定本国货币在国际化进程中的竞争力及生命周期。Williams（1968）发现货币国际化程度主要取决于本国金融业的发展深度，并指出1914年以前英镑体系的核心实际上是云集于伦敦的国际银行体系。Mckinnon（1969）认为从事国际贸易的私人交易商为了最小化其汇率风险及节约携带成本，会以最适当的国际化货币进行交易。Mckinnon（1969）认为国际交易的买卖双方都倾向用本国货币计价交易。高度差异的制成品交易一般以出口商的本国货币计价，因为生产者拥有市场定价权；而相对类似的初级产品交易则以一种单一的国际货币计价和结算，因为生产者仅仅是价格接受者。Grassman（1973）发现国际贸易交易倾向于以生产者货币作计价货币。Bergsten（1975）指出一国货币国际化需要强大的政治保障及国际合作支持。此外，国际化货币发行国的经济规模有相对优势并保持适度增长、货币政策具备相对独立性、国内金融市场发达、价格稳定、国际收支及其结构合理、货币维持可兑换信心也是货币最终实现国际化不可或缺的条件。Hayek（1978）和Cooper（1986）认为货币国际地位依赖于其稳定性及未来价值的可预测性。货币价值不会不规则波动是货币国际化的必要条件。Krugman（1980）强调最大交易量的货币是交易成本最低的货币，也是国际化可能性最大的货币。

Mundell（1983）和小原三代平（1984）指出，一国的政治及军事力量有助于巩固货币的国际地位。Kenen（1988）指出，金融市场自由度是决定货币国际化程度的关键性因素，因为只有资本自由流动才能创造货币国际化所需金融市场的广度和深度。Frankel（1990）论证了历史上以货币作为国际货币的国际货币体系，以及这些体系的内在不稳定性。Eichengreen（1994）证实国际货币体系具备等级结构，而形成及维持这种等级结构的内部力量是国家经济实力的差异。Tavals（1997）认为一国实施货币国际化战略需要三个前提条件：①政治稳定的信心；②深入开放的金融市场；③出口量占全球较大比重。Eichengreen（1998）展现了20世纪初美元取代英镑的国际货币竞争史。Benjamin（1999）认为货币地理的威斯特伐利亚体系（Westphalian System）指一国货币版图与其领土空间重合。而货币国际化现象则颠覆了这一理论模式。Mundell（2003）认为，人们对一国货币稳定的信心是该货币是否能成为国际货币的关键因素。货币流通及交易范围的大小、货币政策是否稳定、国内是否实施金融管制、货币发行国经济规模是否强大，以及货币本身的长期价值还原能力等都是影响货币的国际化程度的因素。

欧元是否将挑战美元成为主要的国际储备货币是近期货币国际化研究领域的热点问题。Eichengreen（1998）的计量分析结果预言，欧元作为国际储备货币的地位将超越美元，但过程将缓慢而漫长。Lim 和 Ewe - Ghee（2006）用 1999～2005 年的外汇交易市场数据对美元的国际货币地位进行了计量分析，结论支持“网络外部性”的观点，即美元的优势地位将继续加强，与“欧元挑战美元”观点背道而驰。Menzie Chinn 和 Jeffre Frankel（2007）研究了 1973～1998 年各国央行国际储备主要币种结构的决定因素，结果显示，显著变量包括国际货币发行国的经济规模、通货膨胀率、汇率波动的方差、金融中心大小等。假设 2020 年前包括英国在内的所有的欧盟成员国加入欧元；美元维持贬值趋势，欧元将在 2022 年超过美元成为国际储备的主要货币。Posen（2008）认为欧盟实力不足以支撑欧元的国际地位。尽管美元贬值，但鉴于其政治军事在全球的地位，欧元无法取代美元的国际货币地位，因为货币国际化不仅仅是金融问题。

大量的研究积极讨论了货币国际化政策对本国和世界经济的影响。Aliber（1964）和 Bergsten（1975）证明通过发行货币，国际化货币发行国可以为本国国际收支赤字融资。Cohen（1971）和 Bergsten（1975）证实国际货币发行国能从本币国际化中获得铸币收益。但国际货币竞争越激烈，全球金融市场越深化，国际货币发行国获得铸币收益将越困难。Cohen（1971）认为，国际货币发行国所获得国际铸币收益取决于本币的国际垄断地位。该国际化货币的垄断地位越高，净国际铸币收益越大。该研究还测试了 1965～1969 年间，英国从英镑的国际使用所获的净铸币收益，结果显示为零。Krugman（1980）认为多元化的国际货币对国际汇率结构造成了影响。Jeffrey 和 Frankel（1995）指出一国货币推进国际化会增加境外对该国货币的需求，导致该货币升值，从而损害该国出口产品在国际市场的竞争力。此外，货币国际化还会加剧外国对本国货币需求的波动，从而加大央行控制货币量的困难。Tavalas（1998）认为，如果一国货币在盯住汇率制下推进国际化，外国对该国际化货币需求变化可能会引起的资本流动，从而减弱货币当局对基础货币的控制，破坏国内经济的运行；如果一国货币在浮动汇率制下国际化，外国对该国际化货币需求的转移则可能会导致汇率的大幅度变动，从而削弱货币当局调控国内经济的政策力度。Tavalas

(1998) 论证了一种货币国际运用的扩张会扩大贷款、投资等金融业务，从而增加本国金融部门的收益。Betts 和 Devereux (2000) 探讨了本国货币国际化对本币汇率的影响；Kenneth S. Chan (2001) 研究表明货币国际化会减小国内外利率。在浮动汇率制度下，本币的境外流通会加剧本币汇率波动。而在固定汇率制度下，本币的境外流通对本国宏观经济没有显著影响（去除储蓄变动的因素）。Otani (2002) 假设日本为本国，东亚是外国，那么，扩大日元的境外运用对东亚的经济福利会产生正面影响，但东亚货币的境外扩张对日本经济基本没有影响。可见，扩张日元作为计价货币的国际运用，其货币政策的外部影响会扩大，因此，日本推行货币政策应考虑对东亚的影响。

二、人民币国际化的研究

国内学者对人民币国际化的研究主要是陈述观点，鲜有理论与实证支撑。在本书查询文献的最大范围内，还没有看到对人民币国际化实施理论分析的文章。从研究内容来看，国内学者关于人民币国际化的研究可以分为以下几个方面：

（一）人民币国际化的定义

对人民币国际化的研究最早始于 20 世纪 80 年代曾宪久等 (1989)。张屹巍 (1994) 分析了人民币如何实现自由兑换的问题。姜波克 (1994) 和胡定核、程海泳 (1996) 探讨了人民币国际化的必要性、可行性、成本和收益等问题，并提出人民币国际化的发展阶段和战略构想。郑木清 (1995) 和姜凌 (1997) 初步探讨了人民币国际化的必要性和可行性。

人民币国际化的定义是人民币国际化研究首先必须回答的问题。李稻葵 (2008b) 给出了人民币国际化的通用计量标准：①人民币现金在境外享有一定流通度；②以人民币计价的金融产品成为国际各主要金融机构包括中央银行的投资工具；③国际贸易中以人民币结算的交易达到一定比重。并指出后两点更重要。

（二）人民币国际化的条件

学者们的研究发现，货币国际化需要具备一定的基本条件，货币国际化的进程也存在一些共同特点。何帆和李婧（2006）认为国际货币格局由世界经济格局决定。徐奇渊和李婧（2008）考察美元和日元国际化进程后指出，一国国际分工地位是其货币国际化的基础，货币国际化是一国国际分工强势地位的扩展。未来多元的货币体系将取代现行美元独强的国际货币体系。黄益平（2009）认为未来多元货币体系最可能是美元、欧元和一个亚洲货币三分天下。杨虹（2009）指出，国际货币发行国要有强大的经济实力和发达的金融市场。此外，货币国际发行国还要有开放的经济环境，币值及国内政局要相对稳定。秦月星（2010）指出强币必有强国支撑，强国之争实质是国际货币主权之争。赵冉冉（2013）认为我国已经基本满足了国际化需求部分的条件，但是由于人民币不完全自由兑换的限制，人民币国际化尚未达到与我国实体经济相符的水平。

（三）主权货币国际化的经验与教训

货币国际化的经验教训是人民币国际化研究不可或缺的内容。李建军（2003）指出，"布雷顿森林体系"的全球汇率制度安排推进了美元国际化，货币区域性制度安排推进了欧元国际化，经济发展与金融深化政策推进了日元国际化。鲁政委（2009）归纳了三类主权货币国际化推进方式：一是英镑和美元的强权推进；二是马克的区域一体化推进；三是日元的国内金融改革推进。

1. 美元国际化的经验教训。邵鹏斌（2009）认为，美国经济实力是美元国际化的基础，维护美国利益是美元国际化的动力，贸易输出是美元国际化的手段，欧洲市场化是美元国际化的外部动能。杨虹（2009）指出，"布雷顿森林体系"是美元国际化的全球性汇率制度安排，使美元成为唯一的国际计价单位以及等同黄金的国际储备货币。美元与黄金脱钩后，美元仍能借助美国政治经济实力继续充当国际货币。秦月星（2010）认为，国际化货币具有"网络外部性"，未来美元的核心地位不会根本逆转，美元汇率不会无序贬值。可见，美元国际化的经验教训包括：第一，美元能满足战后世界经济发展需要是美元国际化的基础；第二，发达而开放的美国金融市场是美元国际化的前提条件；第三，“布雷顿森林体系”是美元国际化的不可或缺的外在环境；第四，美元国际化存在“特里芬两难”，美国内外经济目标也面临“两难”；第五，美元的国际地位具有“网络外部性”。

2. 马克国际化经验与教训。王信（2009）分析了马克国际化的经验：第一，马克可兑换和国际化以保证国内货币政策的自主有效及国内物价和金融稳定为前提；第二，拓宽资本流出渠道促进马克自由兑换，提升马克国际地位；第三，放松资本管制、扩大资本流出渠道，同时，限制短期套利资本流入以降低金融风险，保持国际收支平衡；第四，允许马克升值并实行浮动汇率制，以降低管制成本，提高货币调控的有效性。鲁政委（2009）认为，货币区域一体化及币值稳定是促成马克国际化的主要因素。在德国经济快速发展和贸易份额上升的基础上，欧洲经济货币体系促进了马克国际化。此外，德国央行成功控制通胀维持马克汇率稳定，使马克成为欧洲“驻锚”货币，加快了马克国际化进程。因此，马克国际化可借鉴的经验教训有：第一，货币区域化是马克国际化的基础；第二，马克汇率稳定是马克国际化的前提；第三，国内经济发展及金融稳定对马克国际化至关重要。

3. 日元国际化经验与教训。徐奇和李婧（2008）认为：第一，日元在长期升值下推进了国际化；第二，日元长期升值导致资本大量输出及本土“产业空心化”，削弱了日本在国际分工体系的优势地位；第三，日本进口以美元计价的初级产品，出口企业为避免汇率风险只得进出口同时美元计价，使日元未能成为日本外贸的主要结算货币。潘英丽（2009）指出：第一，20 世纪 80 年代，日本经济增强，但政治和军事上仍是美国附庸的事实，让亚洲其他国家不可能放弃盯住美元而转为盯住日元。事实上的“美元区”还使得日本无法推进日元国际计价与结算。第二，“广场协议”前美国利用“日元—美元委员会”推进日本金融市场开放和日元国际化很大程度上是一个阴谋，其战略意图是美国在日元升值期通过金融资本投资攫取日本经济增长的成果。第三，20 世纪 80 年代，日本国内劳动力成本上升迫使日本企业海外投资，承接日本产业转移及“出口导向型”国家挤占日本国际市场份额，使得日本产业和经济结构未能成功升级和转型，日元国际化缺乏支撑力量。第四，由于日本主银行制度和终身雇佣制度无法为国内新兴产业的崛起提供金融、技术和用工支持，日本未能在先进制造业和服务业领域找到新的国际分工位置，“经济空心化”问题日益严重。泡沫破灭日元国际化进程逆转。第五，日本金融市场的产品创新不足，货币市场工具创新和流动性不足，限制了日元作为国际结算货币的运用。日本忽视交易市场建设，国债等金融产品市场流动性差。杨虹（2009）认为日元国际化所受外部压力及其代价与其他国际货币迥然不同。鲁政委（2009）指出，日元国际化既无法借助于强权，也无法获得区域经济一体化的助力，只能依靠自身金融市场改革发展来推进。尹栾玉（2010）认为日元国际化失败的原因包括：第一，外贸实体基础薄弱，使得日元在外贸过程中未能成为主要结算货币；第二，国内金融体系不健全，市场化程度不高；第三，日本央行调控日元汇率的能力缺失。总结日元国际化的经验教训可知：第一，政府可以有效促进本币国际化；第二，推进本币国际化的有效政策包括：深化本币金融市场及其流动性、允许国外居民参与本币金融市场、建立本币国际金融中心等；第三，本币国际化初期应鼓励本币贸易结算；第四，本币国际化仅靠政府政策而没有持续经济增长不可能成功。

（四）人民币国际化的收益

1. 实现人民币国际化可以降低汇率风险，促进我国对外贸易和投资的发展。郑木清（1995）指出，国际化的人民币可以方便我国在对外经济交往中使用人民币计价结算，减少对外贸易中的汇率风险。郭恩才和薛强（2002）、赵海宽（2003）认为用本币结算是规避汇率风险的上策。人民币国际化意味着对外贸易可以用人民币支付和结算，外贸因此不受外汇制约，有利于外贸发展。谢太峰（2006）证明了人民币国际化有利于我国国际债权债务的人民币结算、减少进出口商外汇收支套期保值成本，以及出口商对国外进口商提供本币的出口信贷。陶勇强和王智勇（2010）认为对外贸易和投资中使用人民币计价结算可以减少汇率风险。

2. 实现人民币国际化可以促进我国金融业发展。郑木清（1995）和金发奇（2004）证实人民币国际化可增加我国金融中介业务收入、降低我国金融机构在国际市场筹资成本，提高人民币国际贷款利率。

3. 实现人民币国际化会使我国货币行政当局在制定执行货币政策和调节国际收支时获得优势。盛洪（1999）、王信和彭松（2002）指出，人民币国际化有利我国货币政策自主权，以及通过货币替代等途径影响非国际货币储备国的金融和经济。曹勇（2003）认为，人民币国际化有利于我国通过输出人民币（而不是干预国内经济目标）来改善国际收支逆差，实现输出通胀和转嫁压力。陶勇强和王智勇（2010）提出，人民币国际化可以为国际收支赤字融资。

4. 实现人民币国际化将提高人民币的国际地位。李婿和何帆（2004）、韩俊（2007）揭示国际货币体系中地位较高的国家在国际金融制度安排和规则制定中享有更多话语权，其货币成为国际支付、结算和储藏手段的可能性更大。人民币国际化有利于提高人民币地位。

5. 实现人民币国际化能使中国获得国际铸币收益。李华民（2002）证实国际铸币税是国际货币发行国居民的净增收益和接受国居民的净损失，只有强势货币才能获得国际铸币税。曹勇（2002）认为，不兑现信用货币制度下，国际储备货币的地位决定国际货币的铸币收益大小。陈雨露等（2005）指出名义国际铸币收益是国际货币发行国银行体系内他国央行持有的新增储备资产。李斌（2005）计算了国际铸币税收益应考虑国内实际国民生产总值增长和通货膨胀因素。李稻葵（2008a）认为，我国从人民币国际化获得的长远国家利益远大于其弊端：第一，获得铸币收入；第二，减少中国国际收支的波动；第三，以人民币计价和结算可以减少外贸企业成本及汇率风险。何慧刚（2007）计算出人民币国际化年均国际铸币收入至少为25亿美元。秦月星（2010）认为强币必有强国支撑，强国之争实质是国际货币主权之争。储备货币发行国可以获得铸币税，还可以构建维护本国利益的国际金融体系并能影响别国经济的发展。

（五）人民币国际化的成本

1. 人民币国际化将降低宏观经济政策自由度。李裕（2002）指出，人民币国际化要求政府货币和外汇等政策的制定与执行考虑对他国的影响，宏观政策自由度会因此下降。金发奇（2004）揭示人民币国际化使国内外金融市场联系紧密。国内货币政策可能只有部分作用于国内经济变量，国外货币政策也会波及国内，最终可能导致货币替代、资本出入，从而使国内货币政策偏离预期目标。姜波克和张青龙（2005）提出，人民币国际化会使货币、财政、价格政策面临“两难”境地，政策自主权将受到影响。卜永祥和秦宛顺（2006）研究了人民币国际化后宏观经济内外平衡问题。

陶勇强和王智勇（2010）认为在国内制度不完善和外部经济发展环境不确定的情况推进人民币国际化，将限制国内金融政策选择范围、约束人民币汇率政策及遭遇“特里芬悖论”等。

2. 人民币国际化可能会引起海外游资对国内金融市场的冲击。赵海宽（2003）指出人民币国际化实现完全自由兑换，可能招致国际投机资金对国内金融市场发起的攻击。陈硕和林学斌（2003）证明了投机攻击可能通过证券和外汇市场两个渠道，这两个市场开放过程中会产生投机风险。刘骏民等（2006）揭示了在金融一体化及金融创新的背景下，人民币国际化及其相伴的资本账户开放和人民币自由兑换将使国际游资获得冲击中国金融市场的机会，并在房地产、能源期货等金融市场进行对冲操作，造成金融动荡和危机。

3. 人民币国际化可能会诱发人民币假币和洗钱等犯罪活动。陶士贵（2002）、赵海宽（2003）认为，纸币流通范围大小与假票可能成正比。人民币国际化容易诱发伪造人民币及洗钱的犯罪，损伤人民币的信誉和国际地位，同时还会给我国带来直接经济损失。

（六）人民币国际化的路径选择

有学者认为人民币国际化条件已具备，应积极推进。赵海宽（2001）指出，人民币已具备问鼎国际货币的实力，政府应积极谋求推进人民币国际化。凌星光（2002）指出，人民币升值有购买力平价支撑，人民币已成为亚洲强势货币甚至准国际储备货币。孙杰（2002）和王大用（2004）呼吁应把握人民币成为国际强势货币的历史机遇。陈雨露等（2005）呼吁人民币国际化应作为国家战略来推进。刘群（2005）认为，人民币国际化是世界资源向有利于中国的方向配置，随着中国经济实力增强及参与国际经济程度提高，人民币必向世界货币发展。刘峻民（2005）预测未来3～5年人民币将成为国际储备货币，在世界外汇储备中达到20%左右的比重。曹红辉（2008）认为“次贷危机”损害了美元的国际信用，为提升人民币国际地位及信用水平创造了条件。王元龙（2008）认为，推进人民币国际化使人民币境外流通可以缓解我国外汇储备过快增长，是我国对外经济发展战略调整的必然要求。黄益平（2009）指出，在未来十年或几十年内，国际货币体系会渐入多元货币时代，最可能的格局则是美元、欧元和一个亚洲货币三分天下。

人民币国际化首先要直面的是人民币国际化与资本账户开放的顺序问题。钟伟（2002）提出人民币国际化应与人民币资本项目可兑换同步推进。吴念鲁（2002）建议应该在国际货币体系改革的环境下推进人民币资本账户可兑换。李瑶（2003）证明人民币资本账户可兑换是影响人民币国际化程度的约束条件。许少强（2003）认为人民币境外使用和流通并不反映人民币的国际货币职能，人民币执行国际货币职能应以资本项目可兑换为前提。李婧（2006）研究了人民币资本账户开放后汇率制度选择问题。王元龙（2008）研究了人民币国际化与资本项目可兑换的关系，以及对人民币国际化后所产生风险的一些控制措施。赵海宽（2009）提出，成熟的国际货币必然是可自由兑换的货币，但货币国际化的起步阶段并不一定要求完全的自由兑换。吴晓求（2009）认为，金融危机爆发将加速人民币汇率机制改革，两年后人民币可能实现完全自由兑换，成为全球贸易结算货币。关于人民币国际化的推进途径，主要有几种不同的看法。

1. 通过人民币亚洲区域化推进人民币国际化。潘理权（2000）、李种（2002）和钟伟（2002）认为，亚洲金融危机后人民币区域化对人民币国际化有重要意义。景学成（2002）指出，人民币在部分周边国家和地区的流通是非制度性行为，不能视为人民币国际化的开端，人民币国际化将是长期的进程。王雅范（2002）和王国明（2002）测算了人民币境外流通的状况和沉淀规模，并分析了由于国情及经贸往来差异导致的周边地区人民币流动的区域特点。李种和陶士贵（2002）提出拓宽人民币流通范围，以周边国家为突破口逐步实现人民币国际化。王庭东等（2002）、黄燕君和郑航滨（2003）呼吁启动大陆和港澳台地区自由贸易是实现人民币区域化的关键，人民币区域化须通过市场和政府协调共同推进，形成统一的亚洲货币。巴曙松（2003）指出，在人民币完全自由兑换之前，人民币国际化应从边贸推动下的区域化起步。中国对外贸易的快速发展为人民币作为结算货币提供了机遇，货币当局应顺势提高人民币在贸易结算中的便利度，从而扩大人民币的使用范围及规模。同时还要提高人民币的监管水平，为人民币进一步国际化作准备。李晓等（2004）认为中国经济政策应考虑人民币的区域货币合作目标，应多角度多层次推动人民币亚洲区域化。何帆和李婧（2006）认为新国际货币可能从区域经济一体化中诞生，且成长极其困难。

张宇燕（2008）提出通过亚洲货币合作机制来推行人民币区域国际化发展。周元元（2008）通过分析中国—东盟区域货币合作的收益与成本，提出人民币区域化的推进策略。邵鹏斌（2009）指出人民币国际化的基石是大国崛起，人民币国际化的首要任务是维持人民币汇率的长期稳定，人民币国际化的必经路径是减少他国货币的使用，而人民币国际化的必然趋势是人民币的区域化。夏斌（2009）指出，政府拟定的人民币国际化路线是从周边化到区域化，最后实现国际化。2008 年的全球金融危机为人民币国际化提供了历史机遇。

2. 借助香港人民币离岸金融中心推进人民币国际化。连平（2002）探索了离岸金融中心的基本理论及宏观政策问题。杨海珍（2003）分析了香港人民币离岸中心建立的四种模式与效应。刘青松和巴曙松（2003）认为香港成为人民币离岸中心的条件不成熟，但并不意味着不能开办人民币离岸金融业务。李翀（2004）研究了境外人民币利率形成机制及可能的影响。熊凌、孙铁佳、吕妍（2004）分析了在香港建立人民币离岸金融中心的利弊及有效途径。巴曙松（2002，2008）探讨了香港成为人民币离岸金融中心的可能性，及人民币国际化进程中的金融监管问题。鲁国强（2008）研究了我国离岸人民币金融市场的监管模式。方星海（2003）认为在香港建人民币离岸中心过于草率。潘英丽（2003）认为香港离岸人民币金融中心的积极作用有限。

3. 双轨制推进了人民币国际化。李稻葵和刘霖林（2008a）提出“双轨制、渐进式”的人民币国际化推进步骤。并指出双轨制的第一个轨是在中国境内实行有步骤、渐进式的资本账户下可兑换，同时加强中国金融体系效率，鼓励和推动外贸企业以人民币结算，并提供调期服务。双轨制的第二个轨是在境外，主要是在中国香港，这主要因为香港是成熟的金融市场和相对独立的金融中心。

4. 直接强势推进人民币国际化。李华民等（2002）提出以强势渗透方式推进人民币国际化。赵海宽（2003）反对人民币区域化，主张人民币直接推进国际化。

5. 贸易与金融并进推进人民币国际化。史晨煜（2010）认为人民币国际化进程有“重贸易、轻金融”特征。但国际经验显示，贸易与金融实际上不分先后且相辅相成，因此，推进人民币国际化应循贸易与金融进程并进的路径。

亦有部分学者对人民币国际化态度谨慎。王建（2002）指出，为了防止金融危机，我国不能轻易开放资本市场，更不能推进人民币国际化。李庆云（2002）认为人民币国际化存在不确定因素，政府须将不确定因素转化为确定性因素后，人民币才会实现真正国际化。李华民（2003）认为，人民币目前不具备与国际货币在同一平台竞争的实力，人为拔高人民币国际化隐藏着巨大的逆转风险，货币当局对人民币国际化应采取审慎强势的战略。潘英丽（2009）认为，国内尚未做好准备，推行人民币国际化不合时宜。余永定（2012）指出，当前国际金融危机的阴影并未散去，新的危机仍在酝酿之中。并给出了人民币可兑换时间表，加速推进资本项目自由化是危险的。赵冉冉（2013）指出，我国的金融市场还未完全成熟，缓冲外部冲击能力较弱，通过加快放松人民币管制和金融市场开放的方法来加速国际化将会带来巨大的风险。

近年来，人民币国际化问题确实引起了越来越多外国学者的关注。但系统研究人民币国际化的外国学者仍鲜有见闻，香港《明镜》（1999）指出，20 年之后全球将剩下几种货币：美元将在南美和北美通用，人民币将有可能在亚洲占据主导地位，欧元将在其余地区成为主要货币。德国前总理施密特（2001）预言，30 年后，美元、欧元和人民币将可能成为世界的三种主要货币。《远东经济评论》（2001）称，随着人民币完全自由兑换，人民币将在 21 世纪头几十年内成为继美元、欧元和日元后兑换频率第四高的货币，并将打破国际金融市场目前的平衡。Chen 和 Peng（2007）运用全球主要储备货币的历史数据计量分析了影响货币全球储备份额的主要因素，并用中国数据对人民币作为储备货币的潜能作了仿真模拟。结果显示，假如完全自由兑换，人民币的国际储备份额可与英镑和日元一争高低。该研究指出，一种货币最终是否能实现国际化是靠市场选择，但政府的政策却能加速或阻碍这种进程。国内经济与金融市场越大，货币与汇率政策越灵活，本币国际化的收益越大，政府应权衡利弊作出选择。此外，香港金融中心在人民币国际化进程中可起积极作用。《金融时报》（2009）引用汇丰银行的话：中国启动推动人民国际化的计划，其实施进程可能比预计快。并预言，人民币国际化成功推进会产生近 2 万亿美元的年贸易量，占中国贸易总量的 50%。河合正弘（2009）称人民币国际化任重道远，开放人民币结算是不可或缺的一步。Mare Chandier（2009）认为，人民币互换额度与中国贸易规模相比相差甚远。Paola Subacchi（2010）指出，在资本账户管制下推进人民币国际化将是人民币国际化进程中最具挑战的难题，在香港建立能足够吸引外国人持有人民币的、高效及高流动性的人民币离岸金融中心对人民币的实现国际化至关重要。现阶段对人民币计以人民币定价的资产的需求都是基于中国近年的经济表现及人民币的升值预期。中国政府应当出台鼓励性措施支持人民币国际化使用，其中最为关键的是要保持宏观经济环境及物价的稳定，只有这样才能说服非居民持有人民币。人民币国际化最为本质的问题在于，非居民及其他国家是否将人民币视为价值储存的手段，而不仅仅是交易媒介。DSG Asia（2010）认为，人民币成为国际储备货币将是漫长而缓慢的过程。He 和 McCauley N.（2010）指出，主要国际储备货币（例如美元）在离岸市场有大量的金融交易，这种现象绝非历史巧合，而是反映了一个客观存在的事实，即离岸市场本身具备基本的经济职能，这种职能包括可以将货币风险与货币发行国隔离开，还可以分散与为清算及结算提供至关重要服务的金融基础设施相关联的操作性风险。对那些谋求将本国货币国际化的新兴市场国家而言，离岸市场可以帮助这些国家的货币被更多本国以外的进出口商、投资者和借款人所了解与接受。当这些国家实施大规模资本管制的时候，货币的国际化进程仍然可以推进，这使得这些国家的货币当局可以保有控制资本账户开放步骤的措施。发展离岸市场可能会对母国的货币与金融稳定带来冲击，这点应引起货币当局的重视。通过考查美联储及其他主要储备货币发行国处理欧洲市场的历史经验可以看到，管理这些风险的政策选择是存在的。应该吸取的教训是：货币当局应当高度重视这些风险，并且在制定货币金融政策的时候要充分考虑离岸市场对国内货币情况及金融风险。John H. Makin（2011）指出，中国目前是经济强国，但不是金融强国。人民币目前在贸易领域得到广泛运用，但并未成为储备货币。人民币要作为储备货币需要满足三个前提条件：①允许资本流出；②更为一贯地尊重私有产权；③确保人民币可自由兑换。Nicholas 和 Patrick（2011）指出，人民币资本账户开放需要三个前提条件：①强健的国内银行体系；②发达的国内金融市场；③合理的汇率水平。

第三节 研究思路、技术路径与研究方法

一、研究思路

由于目前学术界对货币国际化一般条件的研究尚无成熟理论，在本书做文献检索的最大范围内，关于人民币国际化基本条件的理论分析更是几近空白。为此，本书首先从梳理主要国际货币国际化历史着手，归纳总结出货币国际化的一般规律及货币国际化的基本条件；接着对全球8种主要储备货币的历史数据实施计量分析，以探寻决定储备货币国际地位的显著变量与主导因素；随后利用国际权威机构的公开数据，对人民币国际化的基本条件进行实证解读，以回答目前人民币国际化是否具备基本条件的问题；接下来对2011～2025年人民币国际化的潜能实施“虚拟事实仿真”，回答人民币国际化潜能有多大的问题；最后基于历史总结与理论和实证的分析结果，提出人民币国际化推进战略的政策建议。

二、技术路径

本书研究思路也可以通过技术路径来描述（见图1－1）。

三、研究方法

本书采用多种研究方法，具体有以下几种：

1. 归纳与总结。本书第二章回顾了主要货币669年的发展历史，并从中归纳总结出货币国际化的一般规律及货币国际化的基本条件。

2. 最小二乘法（OLS）线性回归。本书第三章采用OLS现行回归法对全球8种主要储备货币发行国的宏观经济与金融数据实施分析，以探寻决定储备货币国际地位的显著变量与主导因素。

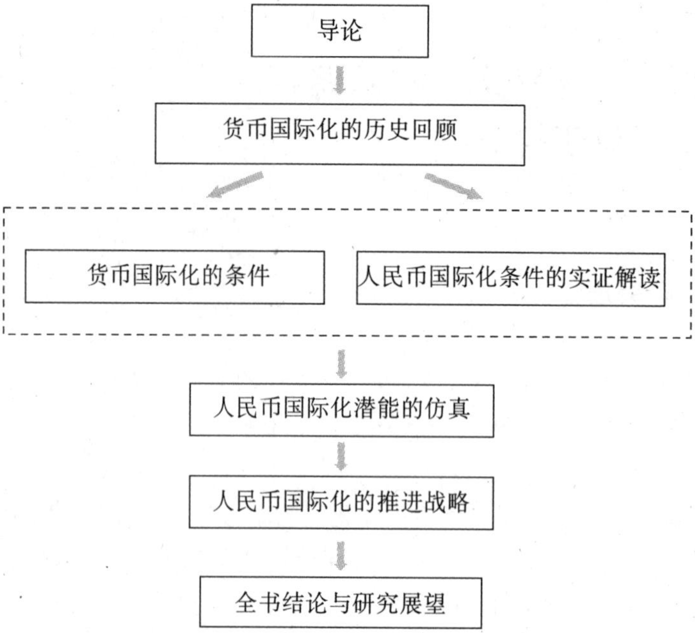

图 1-1　研究的技术路线图

3. “虚拟事实仿真”。第五章利用第三章回归所获参数，采用“虚拟事实仿真”法，在不同情境假设下，对未来 15 年人民币国际化潜能实施模拟仿真。

4. VAR 模型动态分析法：第六章利用 VAR 模型，并通过格兰杰因果检验、脉冲响应函数以及方差分解等多种计量技术对人民币国际化推进战略之间的联动关系实施全面的动态分析。

第四节　本书创新与不足

一、本书创新

本书创新主要包括以下几个方面：

（一）归纳梳理 5 种主要储备货币国际化的历史规律

本书梳理了主要国际货币自 1344 年世界第一枚金币在英国流通至今长

达669年的发展历史，并归纳总结出货币国际化的一般规律：即货币发行国的经济实力、金融市场、币值稳定、资本账户开放，及其在国际金融与贸易交易中的“网络外部性”是货币国际化的基本条件。

（二）基于8种主要储备货币45年的历史数据，定量分析储备货币国际化的基本条件

本书假设一种储备货币占全球中央银行体系外汇储备的比例是衡量其国际化程度的代理变量，并用全球8种主要储备货币（美元、欧元、英镑、马克、日元、法国法郎、瑞士法郎和荷兰盾）发行国1965～2010年的宏观经济与金融数据对货币国际化基本条件，即货币发行国的经济与贸易规模、金融市场发展、币值稳定、资本账户开放和储备货币的“网络外部性”，实施如下量化：①经济与贸易规模：用GDP全球占比、进口规模和出口规模进行量化；②金融市场发展：用股票市场资本化、政府债券规模和外汇市场周转率实施量化；③币值稳定：用汇率波动率、汇率升值、真实利率和通货膨胀实施量化；④资本账户开放：用Chinn and Ito编制的资本账户开放指数（$KAOPEN_t$）实施量化；⑤“网络外部性”：本书用储备货币比例的一阶滞后项进行量化。

接着，用储备货币比例作为因变量，量化后基本条件变量作为自变量，用三个不同的方程实施OLS回归：

模型Ⅰ：不考虑“网络外部性”的线性回归：

$$Y_{it} = \alpha + \beta X_{it} + \varepsilon_{it}$$

其中，Y_{it}——储备货币i在某一时点t占全球中央银行储备货币的比例；

X_{it}——储备货币i发行国的宏观经济金融变量在某一时点t的值；

ε_{it}——误差项。

模型Ⅱ：考虑“网络外部性”的线性回归：

$$Y_{it} = \alpha + \beta X_{it} + \lambda Y_{i(t-1)} + \varepsilon_{it}$$

其中，$Y_{i(t-1)}$——Y_{it}的一阶滞后项，用于刻画储备货币的“网络外部性”；

X_{it}——储备货币i发行国的宏观经济金融变量在某一时点t的值；

ε_{it}——误差项。

模型Ⅲ：考虑“临界点现象”（Tipping Phenomenon）的线性回归：

当一种储备货币在全球中央银行体系中比例太高或太低时，发行国经济金融变量的变化对其不会有大的影响；只有当储备货币比例超过一定“临界点”时，中央银行体系储备货币的比例才会对其发行国经济金融变量的变化有较敏感的反应，这种现象也被称为“临界点现象”。

$\ell Y_{it} = \alpha + \beta X_{it} + \gamma \ell Y_{i(t-1)} + \varepsilon_{it}$

其中，$\ell Y_{it} = \log(Y_{it}/1 - Y_{it})$ 用于捕捉储备货币的“临界点现象”；

X_{it}——储备货币 i 发行国的宏观经济金融变量在某一时点 t 的值；

ε_{it}——误差项。

综合分析模型Ⅰ至模型Ⅲ所获的实证结果，可以归纳货币国际化的一般历史规律以及决定货币国际化的显著变量，即经济与贸易规模和“网络外部性”是决定货币国际地位的主导因素；汇率波动显著不利于货币国际化发展；资本账户开放有利于货币国际地位提高。

（三）实证解读人民币国际化的基本条件

利用国际权威机构的公开数据，对我国经济与贸易规模、我国金融市场发展、人民币汇率稳定、人民币资本账户开放以及人民币“网络外部性”的现状实施全面解读，并选取美国、英国、法国、德国和瑞士等主要储备货币发行国以及巴西、印度、俄罗斯（苏联）等“金砖五国”的相应数据与我国相应指标实施跨国比较，得出人民币国际化已经具备基本条件的结论。

（四）对 2011～2023 年人民币国际化的潜能实施模拟仿真

利用模型Ⅰ、模型Ⅱ和模型Ⅲ回归所获参数，在一定情境假设下，对 2011～2025 年人民币国际化的潜能实施“虚拟事实仿真”（Counter－factual Simulation），方法如下：第一，对 2011～2025 年的国际货币与经济环境以及人民币资本账户开放作出一定基本假设；第二，对 2011～2025 年我国经济增长与人民币汇率走势等显著变量设置乐观情景假设、中观情景假设和悲观情景假设 A；第三，在给定情景假设 A 下，以我国各变量 2010 年的数据 X_0（t＝0，对应 2010 年）为基点，逐年迭代计算 2011～2025 各年对应的 X_t^A（t＝1，…，15，逐一对应 2011～2025 各年）；第四，将 X_t^A 以及参数估计值 $\hat{\alpha}$、$\hat{\beta}$、$\hat{\lambda}$、$\hat{\gamma}$ 分别代入相应模型Ⅰ至模型Ⅲ，可得到 2011～2025 各年人民币作为储备货币在占全球中央银行比例的仿真序列。

1. 模型Ⅰ在情景假设 A 下的仿真（Ⅰ，A）：

$$Y_t^{(\hat{1},A)} = \hat{\alpha}^1 + \hat{\beta}^1 X_t^A \qquad 仿真（Ⅰ，A）$$

其中，1 表示模型Ⅰ，A 表示给定的情景假设；$\hat{\alpha}^1$和$\hat{\beta}^1$表示模型Ⅰ所获的参数估计值；$Y_t^{(\hat{1},A)}$ 表示基于模型Ⅰ，在情景假设 A 下人民币作为储备货币在全球中央银行比例 2011～2025 各年的仿真序列，t=1，…，15，逐一对应 2011～2025 各年。

2. 模型Ⅱ在情景假设 A 下的仿真（Ⅱ，A）：

$$Y_t^{(\hat{2},A)} = \hat{\alpha}^2 + \hat{\beta}^2 X_t^A + \hat{\lambda} Y_{(t-1)}^{(\hat{2},A)} \qquad 仿真（Ⅱ，A）$$

其中，2 表示模型Ⅱ，A 表示给定的情景假设；$\hat{\alpha}^2$、$\hat{\beta}^2$和 $\hat{\lambda}$ 表示模型Ⅱ的参数估计值；$Y_t^{(\hat{2},A)}$ 表示基于模型Ⅱ在情景假设 A 下人民币国际化潜能 2011～2025 年中各年的仿真序列，t=1，…，15，逐一对应 2011～2025 各年。

3. 模型Ⅲ在情景假设 A 下的仿真（Ⅲ，A）：

$$\ell Y_t^{(\hat{3},A)} = \hat{\alpha}^3 + \hat{\beta}^3 X_t^A + \hat{\gamma} \ell Y_{(t-1)}^{(\hat{3},A)} \qquad 仿真（Ⅲ，A）$$

其中，3 表示模型Ⅲ，A 表示给定的情景假设；$\hat{\alpha}^3$、$\hat{\beta}^3$和 $\hat{\gamma}$ 表示模型Ⅲ的参数估计值；$Y_t^{(\hat{3},A)}$ 表示基于模型Ⅲ在情景假设 A 下人民币作为储备货币在全球中央银行比例 2011～2025 各年的仿真序列，t=1，…，15，逐一对应 2011～2025 各年。

仿真结果显示：人民币在未来 15 年具有超过日元历史最高水平，成为继美元和欧元之后全球第三大国际货币的潜能，并有可能叫板欧元。

（五）基于多元向量自回归（VAR）模型分析人民币国际化的推进战略

根据对全球 8 种储备货币 45 年历史的实证分析结果可知，货币发行国的经济规模、币值稳定、资本账户开放，及货币的"网络外部性"是决定货币国际地位的显著变量。对应地，人民币国际化的推进战略为保持我国经济持续增长、维持人民币汇率稳定，开放人民币资本账户以及构筑人民币在国际贸易与金融交易中的"网络外部性"。本书因此采用多维向量自回归（VAR）模型，通过格兰杰因果检验（Granger Causality Test）、脉冲响应函数（Impulse Response Function）以及方差分解（Variance Decomposition）等多种计量技术对人民币国际化各项推进战略之间的联动关系实施全面的动态分析。

VAR 模型分析得到以下结果：Granger 因果检验表明人民币资本账户加速开放是经济增长波动的 Granger 原因，脉冲响应函数分析进一步证实加速人民币资本账户会使经济增长短期下滑，并同时会加剧汇率波动。可见，资本账户开放与经济增长不能同时兼得，资本账户开放与汇率稳定也不能兼得。开放人民币资本账户存在风险，需要格外谨慎；Granger 因果检验还表明人民币汇率波动是经济增长波动的 Granger 原因，脉冲响应函数分析则进一步揭示汇率波动会使经济增长短期下挫。可见，人民币汇率制度的设计与安排应该以维持人民币汇率稳定为目标。

VAR 模型分析的政策含义是：经济增长、汇率稳定和资本账户开放的战略目标之间存在矛盾，人民币国际化推进战略的选择需要权衡与取舍。具体来说，资本账户开放与经济增长不能同时兼得，资本账户开放与汇率稳定也不能兼得。开放人民币资本账户存在风险，需要格外谨慎。最后，基于 VAR 模型分析结果，提出人民币国际化推进战略的具体政策建议。

概括而言就是：未来 15 年人民币国际化应采取“前期稳健创造国际需求、后期激进释放海外供给”的推进战略。

二、本书的不足

本书仍存在有待改善的地方：第一，人民币国际化问题是自 2008 年全球金融危机以后国际货币和金融领域出现的新问题，在本书文献综述的范围尚未发现关于人民币国际化的理论文献，因此，对人民币国际化条件与潜能的理论分析较为薄弱。第二，我国的经济与政治体制与主要储备货币发行国的经济与政治体制显著不同。但由于数据不可获，本书对人民币国际化的条件的实证分析中缺乏测度制度因素的代理变量，因此无法测度制度因素对人民币国际化的影响。第三，当前的国际货币经济环境风云变幻，世界经济存在风险与不确定性。在此情形下，本书关于未来 15 年国际货币经济环境不变的假设可能会使人民币国际化潜能的估计结果相对保守。第四，金融市场对推进货币国际化有重要作用，在本书回归分析中因变量不显著，论述较为薄弱。

第二章

货币国际化的历史回顾

经济学家唯一的样本是历史。

——Paul. R. Krugman

由于目前学术界对货币国际化基本条件的分析尚无成熟理论，在本书文献检索的最大范围内，关于人民币国际化条件的理论分析几近空白，为此，本书对人民币国际化条件的分析始于对英镑、美元、马克、欧元和日元等主要储备货币国际化历史的回顾。本章仔细梳理了自1344年世界上第一枚金币在英国开始流通至今长达669年国际货币发展的历史脉络，并从中归纳出货币国际化的一般规律即货币发行国的经济实力、金融市场发展、币值稳定、资本账户开放及其在国际金融与贸易交易中形成的“网络外部性”是一种货币国际化的基本条件。

第一节　英镑国际化的历史回顾

一、国际金本位制：英镑国际化的基石

英镑国际地位的推进与发展与金本位制度在当时资本主义世界的广泛普及密不可分，因此，分析英镑的国际化必须先从国际金本位制度的建立说起：英国在1344年以前一直使用单一银币。1344年，第一枚金币（Noble）开始在英国流通，英国成为金银铸币混合流通的国家。1694年，英国中央银行"英格兰银行"成立，"英格兰银行"被法律赋予货币的垄断发行权。

从1717年开始，英国金银铸币之间开始建立固定比价。与其他国家金银铸币比价相比，英国国内市场的黄金高估、白银低估，因而在英国和其他国家之间出现无风险套利机会。由于没有发达的金融市场，英国商人进口时将白银输送到国外，出口时则尽可能索要金币。结果白银不断流出、黄金持续流入，直到银币在英国市场完全消失。正是英国商人近一个世纪的跨境逐利行为，推动了英国从银本位向金本位的转变。加之由于经济发展，国际贸易规模扩大，世界市场"物物交换"的不便有统一货币的急切需求，黄金以其天然优势和内在的价值成为统一世界货币的最优选择。1816年，英国通过《金本位制度法案》（The Act of Go1d Standard），以法律形式承认纸币发行必须以黄金作为本位货币，英镑成为英国的标准货币单位。1821年《金本位制度法案》正式实施，英国成为世界上最早废除银本位制度、第一个建立金本位制度的国家。1844年，英国颁布《银行法》，至此，英国的金本位制建立完成了法律的全部程序。

1867年"巴黎国际金融会议"后，主要的欧洲国家、北美国家以及澳大利亚确立了金本位制，黄金成为统一的世界货币。在金本位制下，各国货币之间的汇率决定于各自货币的法定含金量之比，国际收支及资本流动则由金本位制"物价铸币流动机制"通过"黄金输送点"自动调节。国际

金本位制度对英镑国际化的特别意义在于，英格兰银行通过操纵英镑汇票利率，从而实际控制“黄金输送点”，并借此促进英镑的国际化。

英镑汇票是以英镑计价的贴现票，可以随时、无限制地兑换黄金。相对于黄金而言，英镑汇票不需支付保管费，还可以生息，比黄金更受欢迎。那一时期，英国在国际贸易中使用英镑汇票支付，其他各国之间的国际支付也使用英镑汇票，国际贸易大多都用英镑标价和结算，因此，各国都争相持有英镑汇票；同一时期，英国还对外提供长期贷款，英格兰银行在货币危机时充当各国的最后贷款人。为此，各国政府和银行都在伦敦设立英镑账户以方便债权债务的冲销；一些国家中央银行还以英镑作为国际储备。

为了防止全球收支失衡，英国通过贸易收支赤字向全世界提供英镑流动性，同时在非贸易收支项下保持高额盈余，以使经常项目维持总体盈余；再将经常项目盈余对外长期输出，这些长期资本投资一方面可以“对冲”经常账户盈余避免黄金流动，另一方面也有力地推动了英镑在全世界范围的应用。

二、工业革命：英镑国际化的推进器

1765 年的第一次“工业革命”和 19 世纪 70 年代至 20 世纪初的“第二次工业革命”极大地提高了英国国内生产力水平。由于国内市场无法容纳工业革命带来的生产及产品的爆炸性扩张，英国资产阶级用枪炮开拓海外市场，几经对外战争，英国夺取了海外贸易霸权（见图 2 - 1）。

1870 ~ 1914 年期间，即古典金本位时代，随着统一世界市场的形成，英国迅速崛起成为世界第一经济强国。英国是当时整个资本主义世界的“世界工厂”，在贸易、海运、海上保险以及金融等方面具备绝对综合优势；同时，英国还是“日不落帝国”（An Empire on which the Sun Never Sets），拥有遍布全球的不列颠帝国的殖民地和领地。英国政府抓住了这一历史机遇推动英镑成为被全世界接受的国际货币。1870 年世界主要国家，包括英国、美国、德国和法国的主要经济指标见图 2 - 1。

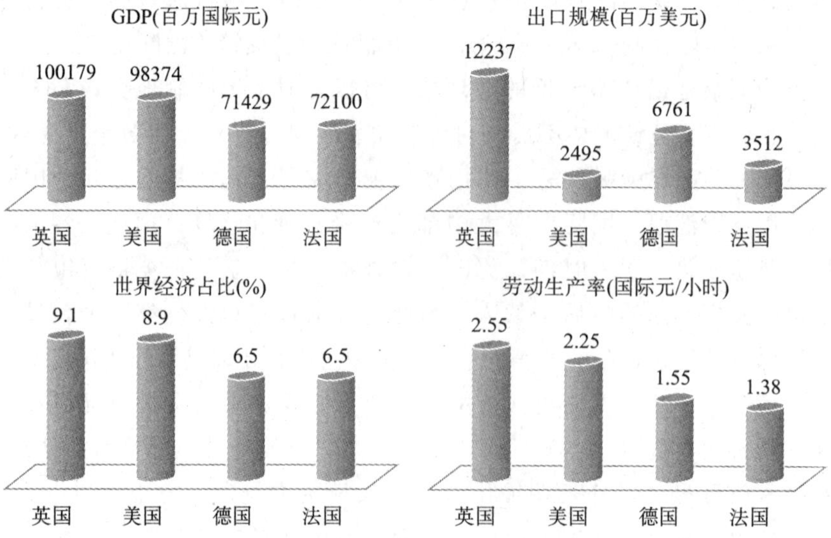

图 2－1　1870 年主要国家经济指标①

资料来源：安格斯・麦迪逊：《世界经济千年史》，北京大学出版社 2003 年版。

三、第一次世界大战：英镑国际化衰退的起点

1873～1896 年，欧洲爆发了经济大萧条，这次经济萧条是英镑衰退的起点。大萧条期间，英国作为工业大国的地位和国际贸易大国的地位开始下降，1870～1913 年，英国在国际贸易中的比重从 25% 降为 15%，英镑的国际货币地位因此开始下降，英镑在官方外汇储备中的比例也大幅减少（见图 2－2）。

1914 年，第一次世界大战爆发。战争的巨大消耗使英国在经济、军事上都丧失了霸主地位。一战后不久，英国陷入经济危机，为了支撑英镑的国际货币地位，英国政府从 1920 年开始，实施了连续 5 年的通货紧缩政策。1925 年，英国重新恢复金本位制，但由于黄金不足，恢复后的金本位是金块本位制（Gold Bullion Standard）。在恢复金本位制的过程中，英镑币值高

① 其中，“国际元”的概念是安格斯・麦迪逊（Angus Maddison）利用购买力平价转换系数换算得到的，以方便统计、比较不同历史时期各国和地区的经济规模。后同。

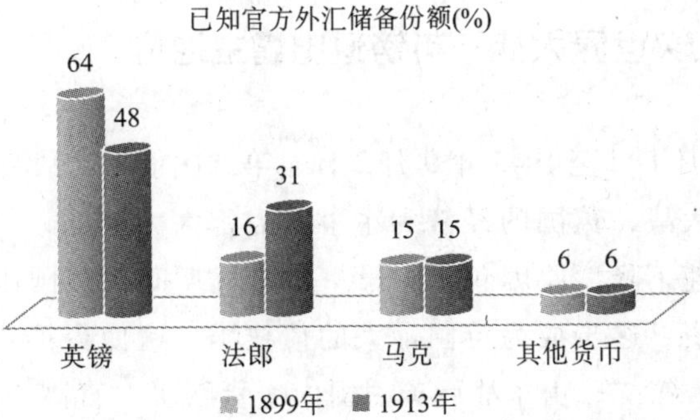

图 2－2 （1899，1913）官方外汇储备份额（%）

数据来源：Barry Eichengreen，2005.

估，削弱了英国出口商品的竞争力，致使英国贸易逆差增加，造成黄金流失以及国际收支困难。英国国内又出现严重的通货膨胀和高失业，英国经济遭受致命打击，英镑的国际货币地位进一步下降。

1929 年，世界经济大萧条，英国政府的财政赤字始终无法逆转。1931 年，奥地利和德国发生挤兑风潮，并波及英国金融市场。同年 9 月 21 日，在金块本位制度勉强维持了 6 年后，英国宣布放弃金本位制，标志着英镑作为在国际货币体系的主导地位进一步衰落。1920～1986 年英镑购买力贬值记录见图 2－3。

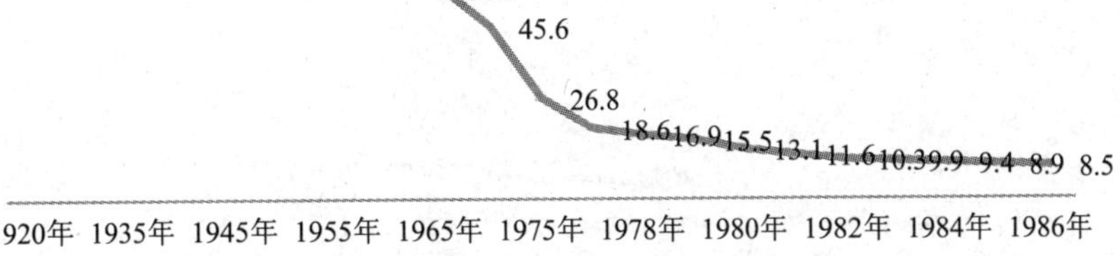

图 2－3 1920～1986 年英镑购买力贬值

资料来源：滕茂桐：《国际金融新论》，中国财政经济出版社 1998 年版。

四、第二次世界大战：英镑退出霸主地位

1939 年 9 月 1 日至 1945 年 9 月 2 日，第二次世界大战将英国推向深渊。由于两次世界大战，英国的经济和军事实力都大大削弱，英镑作为国际货币的吸引力迅速下降，原因包括：第一，二战期间，美国因为给英国提供信贷和战争物资，逐步成为英国最大的债权国，这使得英镑相对于美元的汇率大幅贬值；第二，由于战后英国国内通货膨胀一直高于其贸易伙伴国，导致英镑汇率剧烈波动；第三，二战后，由于英国国内实施外汇管制及其他金融管制措施，使得伦敦金融市场上国际资本流动的效率不断降低。

第二次世界大战结束后，英镑作为国际货币霸主的时代宣告结束，英镑退出长达 100 多年的统治地位。取而代之的是以美元为中心的国际货币新纪元，即“美元与黄金挂钩、其他货币与美元挂钩”的“布雷顿森林体系”新时代。

20 世纪 60 ~70 年代，由于美元霸权地位的确立，以及马克和日元的崛起，英镑的国际地位急转直下。1992 年英镑危机后，英镑的国际货币地位进一步下降，国际货币地位远低于美元和日元。2006 年后日元衰落，英镑取代日元成为第三大官方外汇储备货币，位列美元和欧元之后。作为“瘦死的骆驼”，英镑在当今国际货币体系中仍占有一席之地，但其顶峰时期的辉煌早已风光不再。1965 ~2009 年英镑占全球中央银行外汇储备比例的走势见图 2 -4。

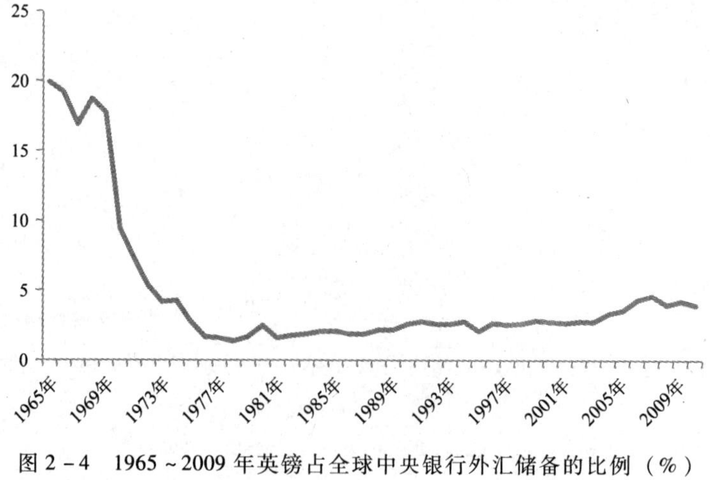

图 2 -4　1965 ~2009 年英镑占全球中央银行外汇储备的比例（%）

数据来源：IMF COFER Database.

第二节　美元国际化的历史回顾

一、第一次世界大战以前：美元奠定国际化基础

1776年，美国建国，从美国建国到第一次世界大战以前是美元国际化的起点。概括而言，美国货币与银行制度的建立，以及美国经济发展对这一时期的美元国际化进程起到不可或缺的作用。建国以后，美国于1787年颁布“新宪法”，从而拥有中央银行性质的银行和美元。1792年，美国国会通过“钱币法案”，该法案规定“元”是美国货币的单位，并且只有美国国会具备美元铸币的铸造权。

自1791年开始，美国长时期实施金银混合的跛行本位制（limping standard）。1834年，美国修改铸币比率，由于白银的市场价格高于法定银元的价格，银元退出流通。1874年，美国西部发现大银矿，白银市场价格大跌，加之欧洲国家因加入国际金本位制而出售白银，美国开始铸造足值的法定货币银元。但由于白银价格长期具有通胀的压力，美国联邦政府始终没能建立起单一而稳定的金属货币制度。直至1879年，美国才开始实施金本位制。随后，1900年美国颁布《金本位法》，以法律形式规定20.67美元兑换1盎司黄金。美国加入以金本位制为基础的国际货币体系后，美元国际化进程才得以启动。

1791年，美国成立第一银行，其主要职能是接受政府和私人存款，并向政府私人企业发放贷款。同时，第一银行还配合财政部为有资金需求的州银行调配资金，具有美国中央银行的性质。由于美国政治体制反对经济集权，美国第一银行于1811年执照到期后解散，但它确实对美国银行制度的建立作出过重要贡献。与第一银行相似，美国第二银行于1817年1月成立，也由于相同的原因，于1836年停业。

1837年，美国密执安州颁发《自由银行法》（Free Banking Act），同时创立“自由银行制度”。“自由银行制度”允许美国的所有团体和个人无需领取执照就可以开设银行，并且可以无条件地发行银行券，美国国内银行数量因此急剧增加。到1861～1865年南北战争期间，美国约有1600家州立

银行，大萧条前更是达到25000家。由于各银行远超实际需要地发行银行券，以致当时流通的银行券达到有1.5万种（其中还包括几千种伪造的银行券），流通中的银行券达到2.1亿美元。因为银行券泛滥成灾，货币流通的“劣币驱良”法则致使大量银行倒闭，混乱的银行体系对美国经济形成巨大冲击。

为了稳定货币量，美国国会在1863年颁布了《国民银行法案》，该法案规定，国民银行必须由联邦政府颁发执照，并须以联邦证券为银行券发行担保。1865年，美国国会将州银行的货币发行税率从2%提高到10%，以抑制州银行的纸币发行量。为了避免州银行因发行税率提高而萎缩，联邦政府同时允许州银行发行支票账户来替代纸币发行。由于广受民众欢迎，支票账户很快成为银行的主要资金来源，发行支票账户的国民银行和州银行迅速增加。支票账户的迅猛增长使得《国民银行法案》金字塔式的储备金制度下银行系统破产的风险大大增加。这种风险引发了1907年的金融恐慌，致使大量公众存款损失，银行破产，经济衰退，失业率高达20%。

为了完善国家银行体系并保障美元币值稳定，美国国会于1913年通过《联邦储备法》，并建立了名为联邦储备体系（Federal Reserve System）的中央银行体系。美联储成立后，很快建立了美元承兑汇票市场，迈出了美元国际化最重要的一步。此外美联储的再贴现和公开市场操作业务保证了市场的流动性，使得纽约外汇市场的流动性得以提高，纽约作为国际金融中心的吸引力大大增加。1933年，美国国会通过了《1933年银行法》，建立联邦存款保险公司（Federal Deposit Insurance Corporation）为合格的美国银行提供保险，至此，美国银行制度基本得以完善。据《新美国经济史》记载，1894年美国已经取代英国成为世界头号工业强国。一战前夕，美国的工业产值已相当于其最大竞争对手英国、法国和德国三国的总和。1870～1913年，英国、美国、德国和法国GDP增长率和出口增长率的指标见图2－5。

尽管一战前美国经济规模已经达到世界第一（见图2－6），但是英镑（而不是美元）的国际化却达到顶峰。美元国际化滞后于经济发展，迟迟不能起步的原因在于：一战前美国没有建立起稳定的货币制度和完善的银行体制，因此也就不能给外国政府以及投资者以信心保证，所以美元不可能在世界范围被普遍接受。第一次世界大战后，美元在国际交易中迅速超过

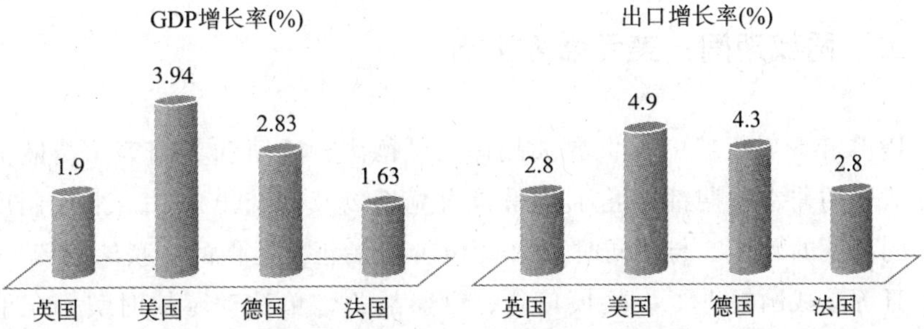

图 2－5　1870－1913 年主要国家 GDP 和出口增长率①

资料来源：安格斯·麦迪逊：《世界经济千年史》，北京大学出版社 2003 版。

英镑，一跃成为世界上最重要的国际货币，“美联储作为强大的中央银行为美元国际货币提供的强有力支撑是不可忽视的”（Eichengreen，2011）。

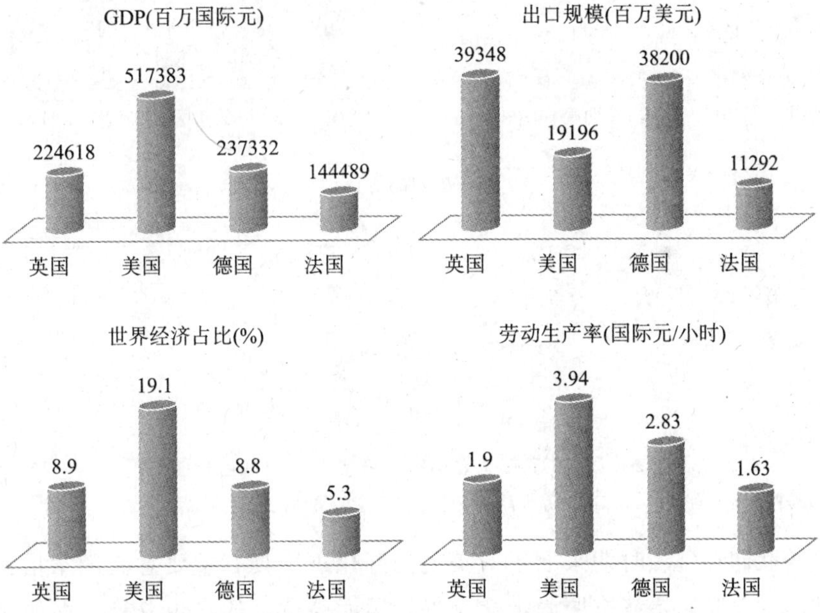

图 2－6　1913 年主要国家经济指标

资料来源：安格斯·麦迪逊：《世界经济千年史》，北京大学出版社 2003 版。

---

① “增长率”为年均复合增长率。

二、两战期间：美元强势出击

1914 年 8 月，第一次世界大战爆发。德国、法国和英国等主要欧洲强国在战争的非常时期都停止了货币自由兑换以及黄金出口，金本位制度遭到不同程度的破坏。与此同时，从 1914 年开始正式运作的美联储给英、法、德、日等参战国提供了大规模信贷，巨额战争订单拉动了战时美国工业的迅速发展（见图 2－7）。

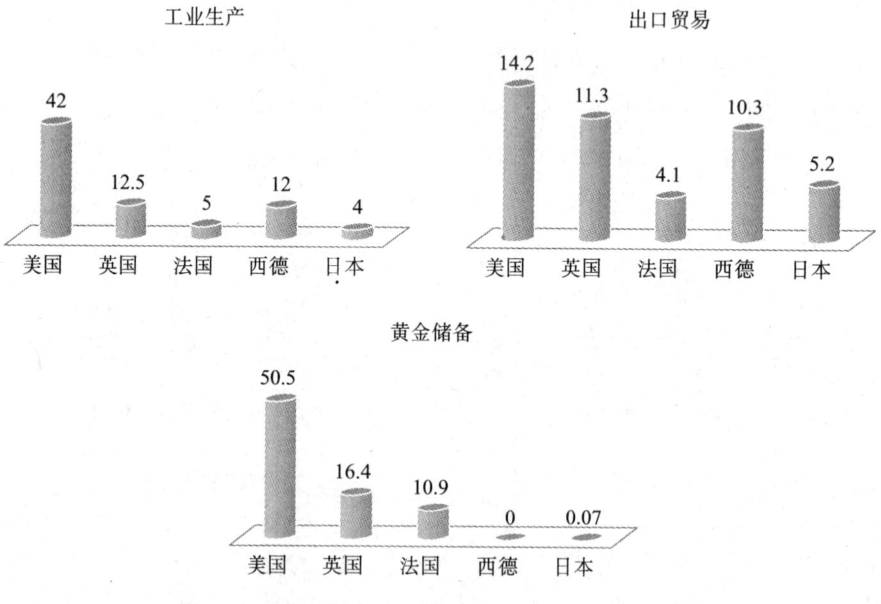

图 2－7　1937 年主要国家经济实力（全球占比%）

资料来源：苏联的《二次世界大战后资本主义国家经济情况统计录编》。

美联储在这一时期采取了对美元国际化进程具有重要意义的举措：一战期间，美联储始终按照固定比率保持美元与黄金的自由兑换，即便是在 1917 年美国加入战争后也不例外。相对而言，当时欧洲大部分国家的货币价值不稳定，币值普遍高估，又存在外汇管制，这使得美元相对于其他货币具有特别的吸引力。20 世纪 20 年代，美元是唯一可直接兑换黄金的货币，美国也是唯一不限制黄金输出的国家。“1924 年，在各国官方外汇储备中，美元的比例已经超过了英镑（Eighengreen，2011）”。只是 1929～1933

年爆发的资本主义世界经济危机毁灭性地打击了全球经济以及国际金本位制度，致使美元国际化进程突然中断。

二战爆发之后，美国再一次给各参战国提供融资，同时积极并为各国生产战争物资，因此给美国的制造业、重工业和军工业、对外贸易、对外投资的迅猛发展提供了巨大推动力，美国也因此积累起巨额财富。相反，二战后德国、意大利等国满目疮痍；英国、法国则债台高筑，黄金储备锐减，工业大幅缩减。由于对未来欧洲的稳定没有信心，各国官方持有的英镑储备急剧下降。美元则由于其稳定性被广泛接受，成为全球最安全的国际储备资产。1937 年主要国家经济实力见图 2－8。

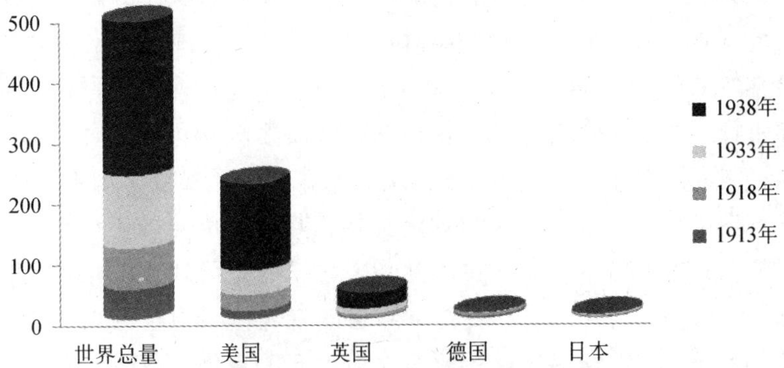

图 2－8　两次世界大战期间各国黄金储备变化（亿美元）

资料来源：宫崎犀一等编：《近代国际经济要览》，日本东京大学出版社 1981 年版。

1944 年二战结束前，美国 GDP 全球占比超过 50%，贸易量全球占比约为 1/3，此外，美国还拥有全世界超过 70% 的黄金。二战后，美元国际化无论是从其程度上、数量上、对世界经济的渗透上，及其为确保国际化的制度框架所达到国际法律规范标准的高度上，都是空前，也可能是绝后的。两战期间各国黄金储备变化见图 2－8。

三、布雷顿森林体系：美元的兴与衰

（一）布雷顿森林体系的确立

在第二次世界大战尚未完全结束之际，精明的美国政治家们抓住历史性机遇，召集来自美、英、法、苏联等40多个主要发达国家的代表，于1944年7月在美国新罕布什尔州布雷顿森林的山区召开“布雷顿森林会议”，旨在商讨战后国际货币体系的重建方案。“布雷顿森林会议”主要讨论了英国提出的“凯恩斯计划”和美国提出的“怀特计划”。“凯恩斯计划”和“怀特计划”的实质均为从英美两国各自的利益出发，旨在最大限度地维护本国在战后重建的国际货币体系中的主导地位：英国黄金匮乏和国际收支逆差：“凯恩斯计划”主张让黄金逐渐退出国际货币体系；美国拥有巨额黄金储备，“怀特计划”主张恢复金本位制，以确立美元在国际货币体系中的霸权地位。由于战后英美两国经济实力的逆转，“布雷顿森林会议”最终通过了以“怀特计划”为基础的《布雷顿森林协定》（Bretton Woods Agreement），在《布雷顿森林协定》下构筑的国际货币体系就是“布雷顿森林体系”（Bretton Woods System）。

布雷顿森林体系为战后国际货币储备、国际汇率和国际收支调节等机制作出了制度性安排，其核心内容是美元与黄金的兑换价格固定，即35美元兑换一盎司黄金；以及美元与黄金挂钩，其他货币与美元挂钩。美国借助布雷顿森林体系确立了美元在国际货币体系的主导地位，并将这种主导货币地位制度化。与此同时，英镑在布雷顿森林体系中也以正式的制度形式被拉下神坛。布雷顿森林体系的确立为美元国际化到达高潮做好了法律上和制度上的铺垫，因为强盛的美国已经确立掌管国际货币和世界霸权地位（见图2-9）。战后欧洲以及世界各地的经济重建也为美元国际化创造了巨大的空间。二战后，由于战争所致的物资匮乏使欧洲各国长时间处于高通胀，同时，欧洲大部分国家实施严格的外汇管制。与之形成鲜明对比的是，美元并不管制，美国经济稳定增长，国内保持低通胀，美元因此成为全球范围内的硬通货，并开始以锐不可当的趋势冲击其国际化顶峰。

美元对国际社会更为深远的渗透和影响是通过各种形式的资本输出实现的：第一，通过“马歇尔计划”为主的欧洲“美援”和以“道奇计划”为主的日本“美援”将美元输出到欧洲和日本；第二，通过美国跨国公司到世界各地建立子公司和分公司实施对外直接投资；第三，通过美国跨国银行建立遍布全球的金融网络，对外提供美元贷款，并进行证券投资；第四，美国游客的境外支付将大量美元留在世界各地。1941～1951年美国对外援助的情况见表2-1。

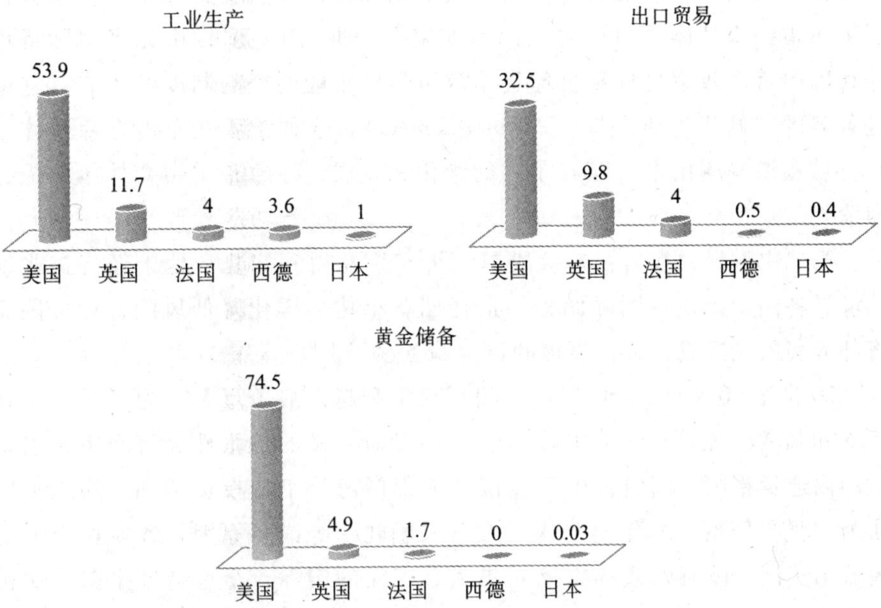

图 2－9　1948 年主要国家经济实力（全球占比%）

资料来源：苏联《二次世界大战后资本主义国家经济情况统计录编》。

表 2－1　　美国的对外援助（亿美元）

项目	1941～1945 年	1946 年	1947 年	1948 年	1949 年	1950 年	1951 年	合计
对外捐款	481.28	38.61	23.48	28.3	54.23	46.91	44.47	717.28
对外借款	10.96	23.26	39.21	26.43	11.23	4.2	4.19	119.58
小计	492.24	61.97	62.69	54.73	65.46	51.11	48.66	836.86

资料来源：宫崎犀一等编：《近代国际经济要览》，日本东京大学出版社 1981 年版。

第二次世界大战后的 20 多年，美国银行建立起覆盖全球大部分地区的金融网络，从而使美元兑换非常便利。加之安全性、稳定性等诸多优势，美元实现了全球流通，并使其国际化达到顶峰。

（二）布雷顿森林体系崩溃

20 世纪 60 年代，比利时裔美国经济学家罗伯特·特里芬（Robert Triffin）指出：要维持美元信心，美国必须控制其国际收支赤字；但为了向全世界提供美元清偿能力，美国又必须保持国际收支的赤字。特里芬揭示了布雷顿森林体系内在的“固有缺陷”，即，用一国货币充当国际货币存在国内货币政策目标和全球货币政策目标不能两全的制度性矛盾，这就是著名的“特里芬难题”（Triffin Dilemma）。这种矛盾在布雷顿森林体系运行后逐渐暴露出来，随着矛盾的激化和发展，导致布雷顿森林体系最终崩溃。

第二次世界大战后，各参战国经济与贸易得到修复。处于经济扩张期的世界各国开始积蓄国际储备，选择储备结构多样化降低风险，许多国家将部分美元兑换成黄金，美国的黄金储备逐年下降。

20 世纪 50 年代和 60 年代，朝鲜战争和越南战争爆发。为了扩大军费开支和刺激经济增长，美国政府采取凯恩斯主义的扩张性经济政策，引发了国内通货膨胀。同时，由于美国私人部门海外工业投资增加，加之美国作为“世界警察”常年向全球五大洲派遣驻军等诸多原因，致使黄金大规模流出美国，政府财政赤字逐年扩大，美元的实际含金量持续下降。布雷顿森林体系下，美元有责任和义务维持其与黄金的固定官价，导致美元币值的人为高估，美国国际收支转入逆差，并很快沦为最大的债务国。1939～1980 年美元购买力贬值记录见图 2－10。

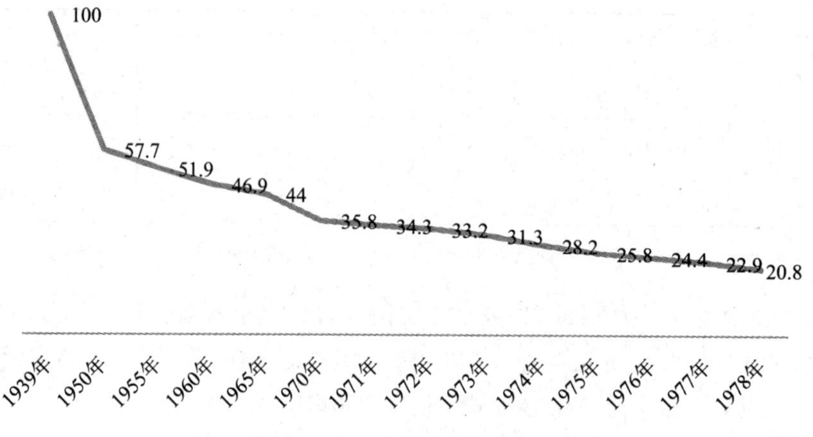

图 2－10　1939～1980 年美元购买力贬值

资料来源：《美国新闻与世界报导》，1979 年 10 月 11 日。

1971 年，美国结束了美国长达近百年的贸易收支盈余史，对外贸易收支出现了自 1888 年以来的首次逆差，且高达 20 亿美元。期间，美国分别于1961年、1968年和1971年相继爆发了三次美元危机。1971年12月18日，“史密森氏协议”（Smithsonian Agreement）允许美元官价贬值至38美元兑换1盎司黄金，意味着布雷顿森林体系的第一大支柱——美元与黄金挂钩倒塌。1973年3月，美元与黄金脱钩，主要国家货币与美元脱钩，各国实行单独浮动或联合浮动汇率制度。至此，布雷顿森林体系的第二大支柱——各国货币与美元挂钩也倒塌，布雷顿森林体系宣告崩溃。

四、牙买加体系：美元“凤凰涅槃”

到1976年，国际货币体系步入“牙买加体系”。“牙买加体系”的主要特点是浮动汇率合法化、黄金非货币化，以及储备货币多元化。

令经济学家们意外的是：布雷顿森林体系崩溃后，与黄金脱钩后的美元反而成了“凤凰涅槃”，其国际化程度不是迅速衰退，而是重获生机。黄金非货币化帮助美元卸掉了兑换黄金的负担，美国依托其政治、经济和军事的超强实力、高度发达的资本市场（见图2－11、图2－12）继续占据国际货币体系的主导地位。

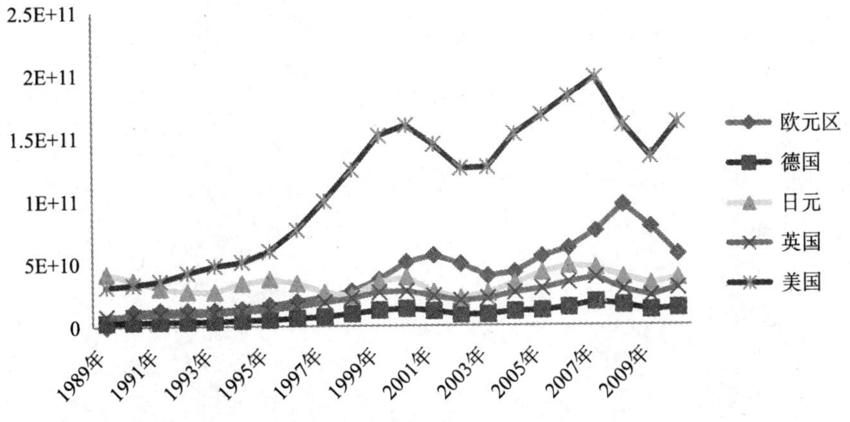

图2－11　1989～2009年主要国家的股票市场规模（美元）

资料来源：WEI（World Economic Index）.

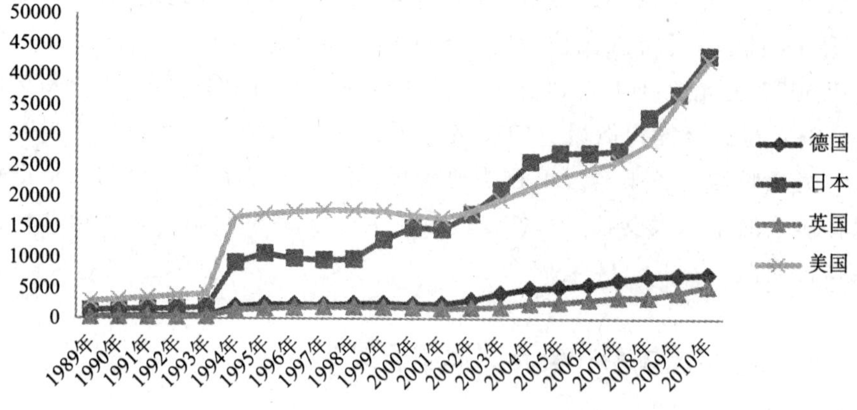

图 2-12　1989～2010 年主要国家的国债市场规模（百万美元）

资料来源：WEI（World Economic Index）.

1991 年后，美国经济维持了长达 18 年的持续繁荣。但美国仍然存在企业对外过度投资，资本市场泡沫等问题。此外，美国经常账户赤字以及政府债务爆炸性地增长也威胁着美元的信誉。2008 年，源自美国的全球"金融危机"凸显美元作为国际货币的重重矛盾和内在问题。"金融危机"以后，美元在各国官方储备中的比例不断下降。1965～2010 年美元占全球中央银行外汇储备比例见图 2-13。

图 2-13　1965～2010 年美元占全球中央银行外汇储备比例（%）

数据来源：IMF COFER Database.

第三节 德国马克国际化的历史回顾

一、德国中央银行体系建立

为统一德国创建单一货币德国马克（Deutschmark）的设想最早是由德国国会在1871年提出，至1948年，德国马克正式发行。1873年“普法战争”后，德国以所获战争赔款作为黄金准备发行金马克（Gold Mark），成为紧随英国和葡萄牙后，欧洲第三个建立金本位制度的国家。1922～1923年，德国遭遇有史以来最严重的恶性通货膨胀，为此，德国在1923年发行“地产抵押马克”（Rentenmark），并以1单位“地产抵押马克”兑换1兆纸币马克收回严重贬值的纸币马克。1924年，德国政府重新发行国家马克（Reichsmark），并以1“国家马克”等值兑换1“地产抵押马克”，彻底结束恶性通货膨胀。二战结束后，德国国内又发生过一轮恶性通货膨胀。1948年6月19日，美、英、法三国军事占领局宣布，从1948年6月20日起实施币制改革，发行新货币“德国马克”（Deutschmark）。

1955年，德国中央银行体系（Bundesban）成立，新德国中央银行的首要任务是保持价格稳定。由于通货膨胀之痛，德国政府对通货膨胀产生“巴甫洛夫式”的条件反射，只要发现通货膨胀苗头便立即扼杀。

德国中央银行体系的设立为战后德国的经济起飞奠定了基础：20世纪50年代，德国经济年均增长速度7.9%，60年代则保持了4.6%的持续高增长，创造出令世界震惊的“德国奇迹”；1956年，联邦德国在贸易顺差和经济增长的基础上实现了贸易自由化和资本自由化；70年代，全球很多国家都饱受通货膨胀之苦，德国央行由于保持低通货膨胀水平和稳定的物价而成为欧洲最具盛誉的中央银行。1972年，国际货币基金组织（IMF）首次将德国马克加入官方储备货币统计之列。随着经济实力的迅速增长，德国马克国际化之路越走越远。1965～1998年德国马克占全球中央银行储备货币的比例见图2-14。

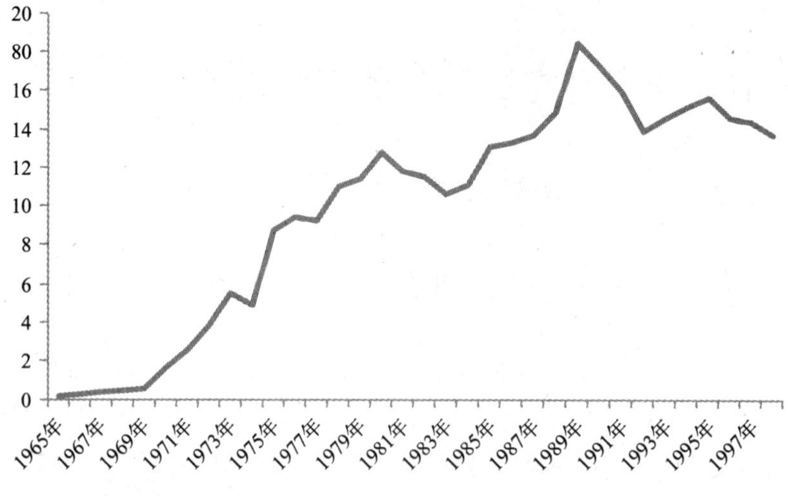

图 2－14　1965～1998 年德国马克占全球中央银行的外汇储备比例（%）

数据来源：IMF COFER Database.

二、牙买加体系下的马克国际化

1976 年，“牙买加体系”赋予浮动汇率合法化。此时的德国拥有全世界最稳定的物价，以及最富“稳定币值”盛名的中央银行。当美元和英镑等主要国际货币汇率波动的时候，德国马克成为人们争相持有的热币，马克对国际金融市场的影响与日俱增。1957～1972 年德国马克的汇率见图2－15。

1979 年 3 月，欧洲货币体系（Europen Monetary System）成立，并设立了一篮子货币的欧洲货币单位（Europen Currency Unit）以及欧洲货币合作基金，致力于建立一个汇率稳定的汇率机制。由于德国中央银行在控制通货膨胀和币值稳定方面的卓越成效，德国马克很快成为欧洲货币体系的中心货币，欧洲各国央行纷纷将本国货币对德国马克的汇率波动作为干预基准，德国马克成为外汇市场的干预货币，并很快超越英镑和日元，成为欧洲各国官方仅次于美元的储备货币。

与大幅贬值的美元相比，德国马克相对于欧洲其他成员国货币间的汇率波动较小，因此，在欧洲货币体系内，德国马克的交易成本较之美元要

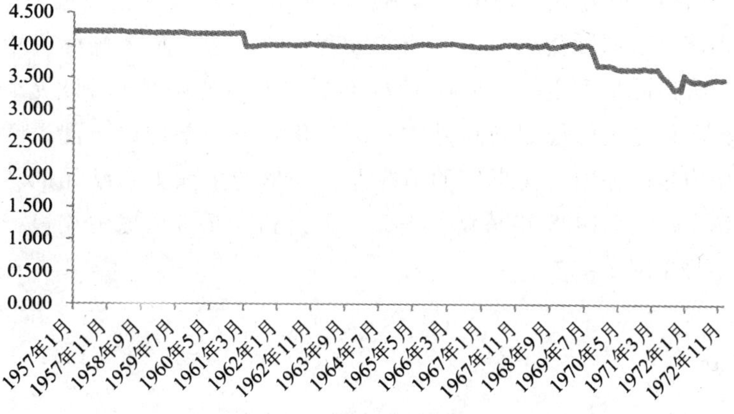

图 2－15　1957～1972 年德国马克汇率（马克/SDR）

数据来源：IFS Dataset.

低，德国马克很快就成为欧洲外汇市场以及银行间现汇市场上主要的交易货币。1986 年到 1990 年期间，欧共体 12 国参与了德国证券市场 71% 的买入量和 74% 的卖出量。1992 年，德国马克占欧洲银行间现汇市场交易量的 77%，与美元份额持平。1989 年起，欧洲之外的银行——日本银行也开始参与德国马克交易，有力地推动了德国马克的国际化进程。1990 年之后，德国马克成为欧洲的区域性国际货币，是仅次于美元的第二大国际货币。图 2－16 是马克、日元、英镑、美元在 1989～1998 年每隔 3 年的外汇市场周转率（%）。

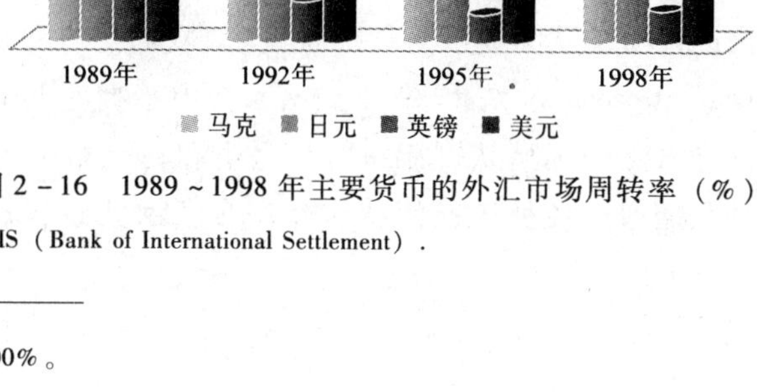

图 2－16　1989～1998 年主要货币的外汇市场周转率（%）①

资料来源：BIS（Bank of International Settlement）.

① 总量 =200%。

自20世纪70年代，德国马克借助国际货币体制变革的契机，作为最坚挺的货币跻身于国际货币舞台，与美元和英镑一起，成为国际货币体系中最重要三大国际货币之一。尽管1999年后，德国马克逐步被欧元取代退出流通，但币值稳定的德国马克是欧元国际化的坚固基础以及支撑欧元国际化的中坚力量。德国马克卓越的信誉及其旺盛的生命力在欧元的新躯体中得以延续。1965～1998年马克、美元、英镑和日元占全球中央银行储备货币比例走势见图2－17。

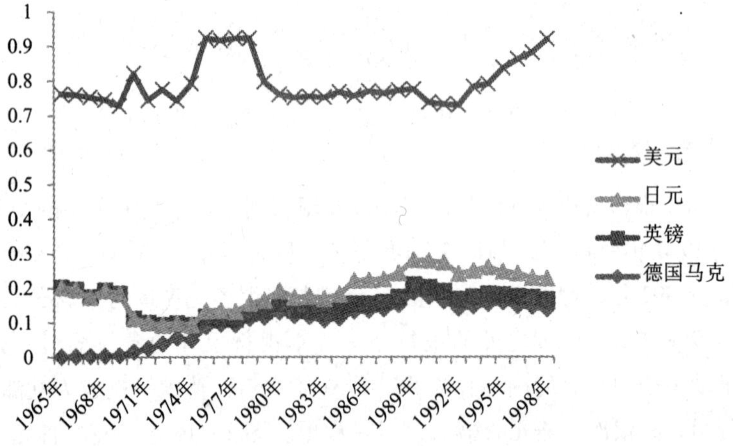

图2－17　1965～1998年主要国际货币占全球央行储备货币比例（%）
数据来源：IMF COFER Dataset.

第四节　欧元国际化的历史回顾

欧元国际化进程始于欧洲经济与货币联盟。“欧洲经济和货币联盟”的设想最早由Gustav Stresemann在1929年提出来。由于拥有共同历史文化背景，欧洲人一直有强烈的区域认同感，有识之士和社会精英大多有着“大欧洲”情结，并长期通过各种途径使“合作符合欧洲共同利益”的理念被大众普遍接受。

一、欧洲经济共同体（EEC）

第二次世界大站以后，欧洲政治家们选择“统一欧洲，经济先行”的复兴思路，欧盟6国于1951年签署了《欧洲煤钢共同体条约》。1957年3月25日，6国在罗马签订了《欧洲经济共同体条约》和《欧洲原子能共同体条约》，合称《罗马条约》。根据《罗马条约》，自1958年1月1日起成立欧洲经济共同体（European Economic Community，EEC），其宗旨是实现欧洲内部贸易自由化、要素自由流动和统一欧洲经济共同体的内部市场。《罗马条约》标志着欧洲经济一体化开始起步，表明欧洲谋求在国际政治经济舞台上“用同一个声音说话”（Speak with One Voice），以及作为欧洲经济“火车头”和“方向盘”的德国和法国已经联合起来成为欧洲经济合作发展的“轴心”。

二、欧洲经济与货币联盟（EMU）

1971年3月22日，欧洲部长理事会通过了《维尔纳计划》，正式实施欧洲经济与货币联盟（European Economic and Monetary Union，EMU）。《维尔纳计划》首次以官方正式文件的形式提出在欧洲实现单一货币的主张。《维尔纳计划》创设了欧洲记账单位（EUA）、建立了总额为14亿欧洲记账单位的欧洲货币合作基金、欧洲汇率机制（European Monetary Mechanision，ERM）的联合浮动有效规避了布雷顿森林体系盯住美元的汇率风险，为欧洲经济发展及欧元的诞生奠定了基础。

三、欧洲货币体系（EMS）

20世纪70年代，全球经济“滞胀”，布雷顿森林体系瓦解，欧洲各国意识到欧洲经济持续发展的唯一出路只能是深化欧共体的内部统一。作为欧洲核心的德国经济快速增长，德国马克国际化水平大大提高，建立欧洲货币联盟的计划开始提到欧共体的议事日程。1978年12月，欧共体首脑在布鲁塞尔达成协议建立欧洲货币体系（European Monetary System，EMS）。

1979 年 3 月，欧洲货币体系宣告诞生。欧洲货币体系的目标是建立一个稳定的货币区域，以便成员国间实现更紧密的经济趋同。

四、欧元（Euro）诞生

1992～1999 年，是欧元的法律制度准备阶段：1992 年 2 月 7 日，《马斯特里赫特条约》正式签署，提出建立欧洲经济、货币联盟，直至政治联盟的目标。该条约明确提出自 1999 年 1 月 1 日开始在欧共体成员国范围内正式发行具有独立性以及法定货币地位的超国家性质的货币“欧元”；自 1997 年，欧盟开始逐步组建由欧洲中央银行（European Central Bank，ECB），以及欧盟成员国中央银行组成的欧洲中央银行体系（European System of Central Banks，ESCB）。欧洲中央银行还接管欧元区成员国的外汇储备用于维持欧元币值稳定。

1999 年 1 月 1 日，欧元正式启动。至此，名为“欧元”的货币取代了一篮子货币“欧洲货币单位”。从 1999 年 1 月 1 日到 2002 年 1 月 1 日，经过 3 年过渡期，欧元完成了从启动到流通的全过程。欧元的成功问世是欧元区各国经济、货币与政治协调与合作的结果，作为超主权国家的信用货币，欧元是货币国际化的创新，是国际货币发展史上的里程碑。

五、欧元国际化

2002 年 1～3 月，欧元的纸币和硬币取代了原 12 个成员国的 12 种货币，作为区域内唯一合法货币开始在这些成员国内流通。目前，欧元区有德国、法国、意大利、荷兰、比利时、卢森堡、爱尔兰、希腊、西班牙、葡萄牙、奥地利、芬兰、斯洛文尼亚、塞浦路斯、马耳他、斯洛伐克等 16 个成员国。[①] 欧元区总人口超过 3.2 亿人。依靠货币主权联邦制的强制力以及欧元区的综合经济实力，欧元成为完全意义上的国际货币。[②] 1998 年欧元区与主

---

① 并且还不断的有国家在尽力争取达到欧元区的条件以期尽快在国内用欧元取代本币。

② 在世界范围内，欧元区各成员国的货币逐步退出市场，非欧元区国家持有的原欧元区国家的外汇储备，则根据确定的比率转换成欧元，欧元以合法的身份取而代之成为国际储备货币。

要国家综合实力对比见图 2 - 18。

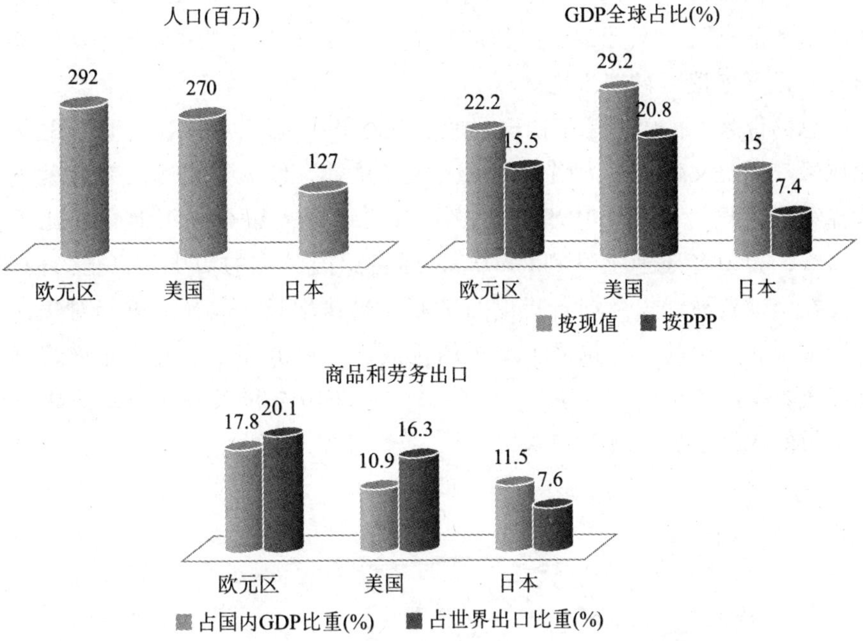

图 2 - 18　1998 年欧元区、美国和日本的综合实力对比

资料来源：《欧洲中央银行》月报，1999 年 8 月。

六、欧洲主权债务危机

由于欧元在 1999 年起步初期存在一定程度的高估，欧元兑美元的汇率一度从 1999 年 1 月 1 日的 1 欧元兑 1.18 美元，下跌至 2002 年 10 月 0.82 美元的历史最低点。在以欧洲中央银行为代表的欧元区经济金融政策的管理下，欧元区经济稳定增长，欧元汇率基本稳定在 0.9 美元兑 1 欧元。

欧元启动后，欧盟经济开始进入缓慢增长区间。为此，各成员国政府纷纷实施扩张性财政政策，以刺激经济增长。2001 年，欧元区主要国家的财政赤字和债务总量开始持续增加。2005 年，德国、希腊、法国、意大利和葡萄牙 5 个欧元区国家财政赤字超过 GDP 的 3%。由于 5 国 GDP 占欧元区经济总量超过 75%，对欧元区的整体财政状况具有决定性作用，整个欧元区财政状况随之陡然恶化。

2010 年，近一半的欧元区国家财政存在无法持续的风险，欧元区国际收支赤字占 GDP 比率为 6.66%，净债务率达 74.6%，并因此引发“欧元区主权债务危机”。“欧元区主权债务危机”打击了人们对欧元的信心，甚至出现“欧元崩溃”的悲观论调。

总的说来，由于继承了德国马克、法郎以及意大利里拉等货币的国际化成果，同时又依托更为强大的欧元区经济体，欧元自诞生之日起就成为世界第二大国际货币。1999 年，欧元占全球中央银行外汇储备的比重为 13.5%，2010 年迅速上升到 24.1%，远超德国马克的历史最高值。同时，欧元在全球贸易计价及储备货币的份额也迅速增长。欧元的崛起对美元在国际货币体系中的地位构成了真正的挑战，并可能在未来几十年内超越美元，成为国际货币体系的主导货币。1999 ~ 2010 年欧元在全球中央银行储备货币的比例走势见图 2 - 19。

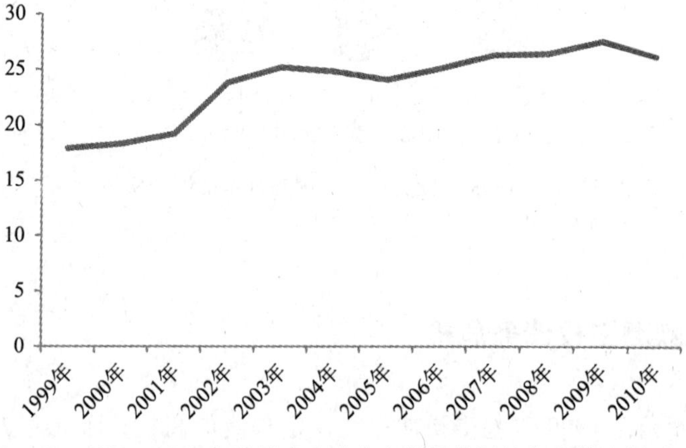

图 2 - 19　1999 ~ 2010 年欧元在全球中央银行外汇储备中的比例（%）

数据来源：IMF COFER Database.

第五节　日元国际化的历史回顾

1871 年，日本明治政府制定新的货币条例，日元（Yen）成为日本的记账尺度。1894 ~ 1895 年的中日战争，日本获得了巨额的战争赔款，为其建立金本位制提供了黄金准备。1897 年 3 月，日本政府制定了新货币法案，确立了金本位制，并于当年 10 月 1 日开始实施。一战之初，日本暂停金本位制，并且禁止黄金贸易。1930 年，日本短暂恢复金本位制，但受全球经济大萧条的影响，于 1931 年放弃金本位制。在大萧条和第二次世界大战期间，日本实施严格的金融管制，尽力维持黄金和外汇储备。二战期间，日本陷入严重的通货膨胀，致使日元币值不断贬值。

第二次世界大战后，战败国日本开始在“有泽广已”方案的指导下，以钢铁、煤炭生产为突破口恢复生产。1948 年 10 月，美国国家安全委员会通过了法案，决定帮助日本加快经济复苏。随后，约瑟夫·道奇（Joseph Dodge）到日本帮助日本建立货币政策体系、治理恶性通货膨胀、实现国际收支平衡，不断下挫的日元汇率终于在 360 日元兑换 1 美元时稳定下来。在布雷顿森林体系下，360 日元兑换 1 美元的固定汇率实际低估了，这使日本的出口商品在国际市场上十分具有竞争力，大量的贸易顺差增加了日本的黄金和外汇储备。1951 年，“朝鲜战争”爆发给日本经济崛起创造了机会。美国对战争物资的大量需求启动了日本经济，日本通过引进欧美发达国家的先进技术幅度提高劳动生产率，经济实力不断提高。

一、20 世纪 70 年代：日元国际化的起步期

1955 年到 1972 年，日本经济实现了连续 18 年实际增长 9.3%，创造了“日本奇迹”。从 1950 年到 1970 年，日本的经济总量翻了近 14 倍。在日本经济高速增长的同时，日元管制也在同步逐渐放松。1964 年，日本宣布接受“国际货币基金组织协议第八条款”（Article VIII of the IMF Articles of Agreement）的承诺，在国际商品和外汇交易中承担日元自由兑换的义务，日元实现经常项目下自由兑换。1965～1970 年的贸易顺差为日本积累了巨额财富，也给日元带来升值压力。1971 年以前，美元与日元汇率一直稳定在 1：360的上下 10%。由于拥有雄厚资金，在升值的压力下，日本开始向亚洲国家大量投资并发放贷款，输出长期资本，日元因此实现了一定程度的亚洲化。这一时期，日本政府关注的核心问题是如何避免日元因升值而失去国际竞争力以及扩大对外贸易，对日元国际化态度十分谨慎。由于担心日元国际化后资本大规模进出会对尚不完善的资本市场造成冲击，加大国

内货币金融政策的操控难度，日本政府在20世纪70年代初加强国内货币和资本市场的监管。

1971年8月15日，尼克松总统宣布美元停止兑换黄金，8月29日，日本政府宣布日元浮动，日元从此拉开升值序幕：1971年汇率从1美元兑换360日元升值至1美元兑换308日元。1973年“第一次石油危机”的爆发给严重依赖石油的日本经济带来沉重打击。同年，布雷顿森林体系瓦解，日元继续升值至1美元兑272日元。为了缓解日元升值带来的负面影响，日本政府采取扩大内需的政策，同时给本国经济带来通货膨胀压力。从1974年开始，日本经济结束了长达20多年的高速增长，进入低速增长阶段。当年日本实际经济增长为-5%。面对通货膨胀和经济低迷的“滞胀”局面，日本政府一方面采取抑制通货膨胀的措施稳定物价，另一方面通过调整产业结构，以及开发节能技术等多种途径，使日本经济逐步走出低谷，抵御了1978年“第二次石油危机”的冲击。在此同时，日元国际化进程进入快速增长期：1976年2月，尼日利亚第一个放弃英镑，使用强势升值的日元作为储备货币，日元开始进入国际储备货币的行列。随即，沙特阿拉伯、马来西亚和新加坡等国家也放弃英镑改换日元，日元在全球中央银行储备货币体系中的比例当年就达到2%。1972~2008年日元在全球央行的外汇储备占比见图2-20。

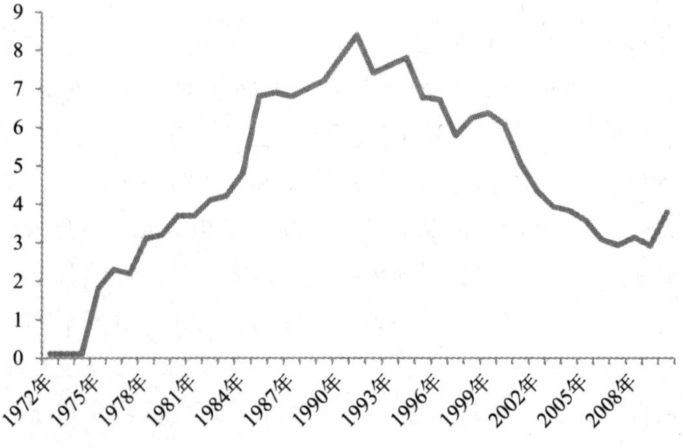

图2-20　1972~2008年日元在全球中央银行外汇储备中的比例（%）
资料来源：IMF COFER Dataset.

二、20 世纪 80 年代：日元国际化的鼎盛期

作为日元国际化的阶段性标志，1980 年 12 月，日本政府修改了《外汇和外贸控制法》（The Foreign Exchange and Foreign Trade Control Law），日元资本项目的可兑换“原则上放松管制”。至此，金融机构的外汇资本交易实现自由化，日元在国际贸易和收支结算中使用扩大。由于日本政府转变理念，日元国际化进程加快。1970～2009 年美国和日本资本账户开放指数比较见图 2－21。

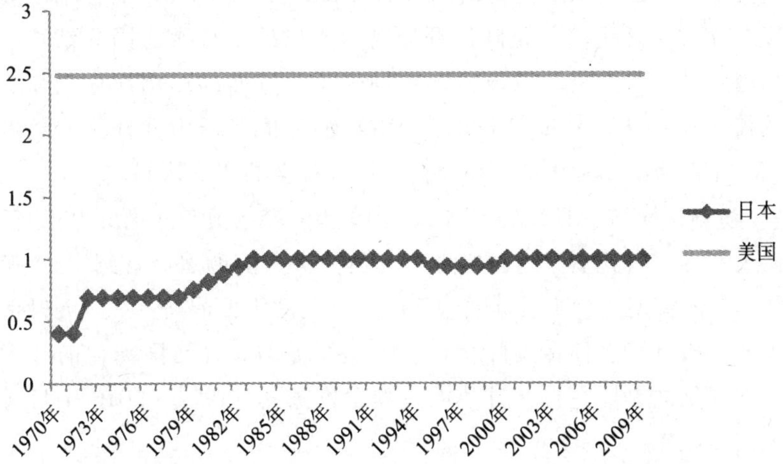

图 2－21　1970～2009 年美国和日本资本账户开放指数比较

数据来源：Chinn and Ito.

20 世纪 80 年代，美国对日贸易大幅逆差，同时，日本取代美国成为全球最大的贷款国和债权国。美国认为在封闭的日本金融市场上形成的日元汇率不是市场均衡汇率，日本必须开放金融市场并推动日元国际化。国际社会对此反响强烈，日元升值成了“全球的呼声”。日本不得不开始正视已经无法回避的日元国际化问题。

1984 年 2 月，日本和美国政府共同组建了“日元—美元委员会”（Yen-Dollar Working Group）。同年 5 月，该委员会就日本金融市场自由化、日元国际化，以及外国金融机构进入日本金融市场等问题达成一致意见，并发表《日元—美元委员会报告书》。随即，日本大藏省也发表了《关于金融自由化、日元国际化的现状与展望》的公告，提议将日元国际化作为重要政策目标。

日元国际化重点应由经常项目向资本项目转变。日元国际化的具体策略包括金融自由化、欧洲日元交易自由化及东京金融市场的国际化。

1985 年 9 月，美国、日本、联邦德国、法国和英国在纽约“广场饭店”（Plaza Hotel）达成协议，即《广场协议》：五国政府决定联合干预外汇市场，使美元对主要货币有秩序地下调，以解决美国巨额的贸易赤字。随后，日本大藏省外汇审议会提交了具体方案，主要包括三方面内容：第一，进一步推动利率自由化、完善并扩大短期金融市场的开放，以实现金融自由化；第二，实现欧洲日元市场自由化，允许非居民使用日元；第三，建立东京离岸市场，为在东京交易的欧洲日元提供便利。1986 年“东京离岸金融市场”建成，日元国际化随即开始向纵深发展：日元在国际结算、国际储备、国际投资与信贷，以及国际市场干预等方面的作用全面提高。在特别提款权（Special Drewing Rights，SDR）的定值篮子中，日元的权重达到 21%，日元作为国际货币的地位得到了国际社会的广泛认同。

《广场协议》后，日元经历了长达 10 年的持续升值历程。1987 年《罗浮宫协议》后，日元更是一路高歌，升值势头愈演愈烈。直到 1995 年，日元兑换美元的汇率达到 1 美元兑换 79.75 日元的历史最高点。日元升值的幅度之大，升值时间之长在国际货币史上是罕见的。日元国际化的最大特点是，其国际化进程是在日元升值的过程中推进的。1972 ~ 2010 年日元汇率走势见图 2 - 22。

图 2 - 22　1972 ~ 2010 日元名义有效汇率走势（日元/SDR）

资料来源：IFS Dataset.

在日元不断升值的过程中，日本政府一方面担心升值带来紧缩效应，持续在外汇市场上干预日元，放松流动性，结果形成日本股票市场和房地产市场的泡沫；另一方面，由于日本的“终身雇佣制度”和“主银行制度”无法为进一步实行产业升级提供金融、技术等方面的支持，导致日本没有抓住日元升值的契机进行产业结构升级（潘英丽，2009）。随着泡沫的破灭，日元贬值，日本经济陷入了长达十多年的低迷和停滞，即“失去的十年”。值得一提的是，这一时期的日元国际化，是日本政府迫于美国的压力而实施的金融自由化改革，是形式上的日元国际化。其目的仅仅是为日本国内金融市场的完善争取时间，既没有采取实质性措施提高国内资本市场效率，也没有考虑市场投资者的利益，这为后来日本经济的衰退埋下了伏笔。

三、20 世纪 90 年代以后：日元国际化衰退期

1990 年以来，日本由于“泡沫”破灭导致经济长期不振，加之日本国内金融系统长期积累的效率低下、不良债权，以及信息披露等问题没有得到有效解决，削弱了投资者对日元的信心。日元在国际货币体系中的地位在 20 世纪 90 年代初达到最高点后，也随即开始逐渐下滑。日元在日本出口贸易结算的比率，由 1992 年的最高值 40.1% 下降到 1997 年的 35.8%。这时，日本政府逐渐意识到，由于日本国内金融市场缺乏效率，日元国际化所需要的关键条件并不具备。日本政府最终下决心对金融系统实施彻底改革，就此拉开金融“大爆炸”（Big Bang）的序幕。1996 年，日本政府成立“金融体系改革联络协议会”，提出“金融体系改革计划”，一揽子的改革措施包括《外汇法修正案》，放松银行业、证券业和保险业管制、实现国内国际市场一体化，实现国内外资金自由流动以及外汇交易完全自由化等。

1997 年，“东南亚金融危机”爆发，为了降低盯住单一美元带来的巨大风险，东南亚各国纷纷增加各自货币篮子货币中除美元外货币的权重，包括日元。日本政府也意识到这是日元国际化的“最后机会”。遗憾的是，在绝缘思想（Insulation）指导下，日本在金融危机期间不仅没有承担起稳定亚洲金融的责任，反而从东南亚抽回资金，同时纵容日元贬值，甚至贬得比东南亚货币还厉害。日元失去了“锚货币”的基本功能以及负责任的国

家信誉。

1999 年，日本外汇审议会提出五点建议：维持日本经济的稳定增长、进行金融体系改革；稳定日元币值；重新定位日元在亚洲汇率体系中的作用；进一步完善日元国际化环境；在商品贸易和资本交易中更多地使用日元。1999 年 9 月，日本大藏省设立“日元国际化推进研究会”，专门研讨日元国际化政策，以及日元亚洲化的具体事宜。2000 年 5 月，东盟 10 国与中国、日本、韩国 3 国的财政部部长在泰国清迈举行会议，就东亚地区的货币金融合作，东盟 10 国与中国、日本、韩国 3 国合作（10 +3）的机制下建立双边货币互换机制达成了共识，表明日本政府在谋求日元在亚洲的主导地位，日元国际化策略发生重大转变，日元“亚洲化”策略逐渐形成。

2010 年，日元在全球中央银行外汇储备中所占的比例约为 4%，与英镑相当。由于同在亚洲的中国，其经济规模已超越日本成为全球第二大经济体，人民币在国际货币体系中的地位也正在崛起，日元的国际地位正在被人民币取代，日元国际化的机遇可能一去不再复返。

第六节　货币国际化的基本条件

通过梳理自 1344 年世界上第一枚金币在英国开始流通至今长达 669 年国际货币发展的历史脉络，可以从中归纳出货币国际化的一般规律：即货币发行国的经济实力、金融市场发展、币值稳定、资本账户开放，及其在国际金融与贸易交易中形成的“网络外部性”是一种货币国际化应具备的基本条件。

一、经济实力是货币国际化的坚实基础

货币的本质是固定充当一般等价物的特殊商品，因此可以与一切商品交换，国际货币则可以跨越国界进行商品交换。黄金曾在历史上长期充当国际货币，英镑是第一个充当国际货币的信用货币。信用货币自身没有实际价值，其购买力由发行国强制赋予，中央银行根据经济发展的需要提供

适度货币供给量以保证币值稳定。如果货币在发行国以外流通，其购买力将失去发行国政府的强制保护，只有发行国经济实力的质和量达到一定积累后，货币境外流通才具有实际物质资料的可靠支撑。Eichengreen 和 Frankel（1996）证实：储备货币通常与规模庞大、成长性良好的母国经济体相关联，国际货币发行国 GDP 全球占比每增加 1%，相应的储备货币在全球央行体系的比例就增加 1.13%。

货币国际化的历史也验证了这一论断，英镑、美元、马克、日元等国际货币国际化初期无一不有强大的经济实力支撑：19 世纪初，英国的工业革命引领全球工业化进程，大幅提高英国劳动生产力，极具竞争力的工业产品给英国带来了巨额贸易顺差和财富，英镑也因此称霸世界；19 世纪末，美国迅速实现工业化，并很快取代英国成为世界头号工业强国。1872 年，美国 GDP 规模按实际购买力计算已经超过英国。进入 20 世纪后，在两次世界大战中，美国发展成世界最大的商品出口国和全球第一经济强国，拥有全世界 3/4 的黄金。在无可比拟的经济实力支撑下，美元很快成为国际货币舞台上的核心；德国和日本在 20 世纪 50～60 年代都各自创下了“德国奇迹”和“日本奇迹”，迅猛发展的经济成为当时世界经济最耀眼的亮点，并迅速成为名列前茅的世界经济强国，马克和日元的国际地位也因此快速提升。可见，强大的经济实力是货币国际化的坚实基础和有力支撑。

二、金融市场是货币国际化的强力支撑

货币国际化意味着大量国际货币在其发行国外流通，金融市场就是海外流通的国际货币的运行载体和制度支持。

从货币国际化历史来看：英镑称雄时，世界金融中心在伦敦；美元称霸时，纽约金融市场与伦敦平分天下（见表 2－2）；马克崛起，法兰克福和卢森堡金融市场功不可没；日元后来居上，东京金融市场突飞猛进；欧元诞生，欧洲原有的发达金融市场也迅速成长。对于国际货币持有者而言，金融市场的重要意义在于：在高度开放和深度发展的金融市场，不仅存在大量低成本的投资机会和借款机会，而且提供多样化的金融服务，有利于国际货币持有者高效管理其资产组合，并对货币风险实施有效套利。在规模庞大、流动性强的金融市场，国际货币的投资者能够根据收益、风险与

流动性的不同需求对其资产进行合理有效地配置。

表 2-2　　1930 年纽约市场与伦敦金融市场（亿美元）

项目	美国		英国	
短期	纽约市场外国短期债券余额	26.7	伦敦市场外国短期债券余额	21.7
	对外短期资产	17.8	对外短期资产	8.5
长期	对外证券投资余额	72	对外证券投资余额	89
	对外直接投资余额	80	对外直接投资余额	79

资料来源：宫崎犀一等编，《近代国际经济要览》，日本东京大学出版社 1981 年版。

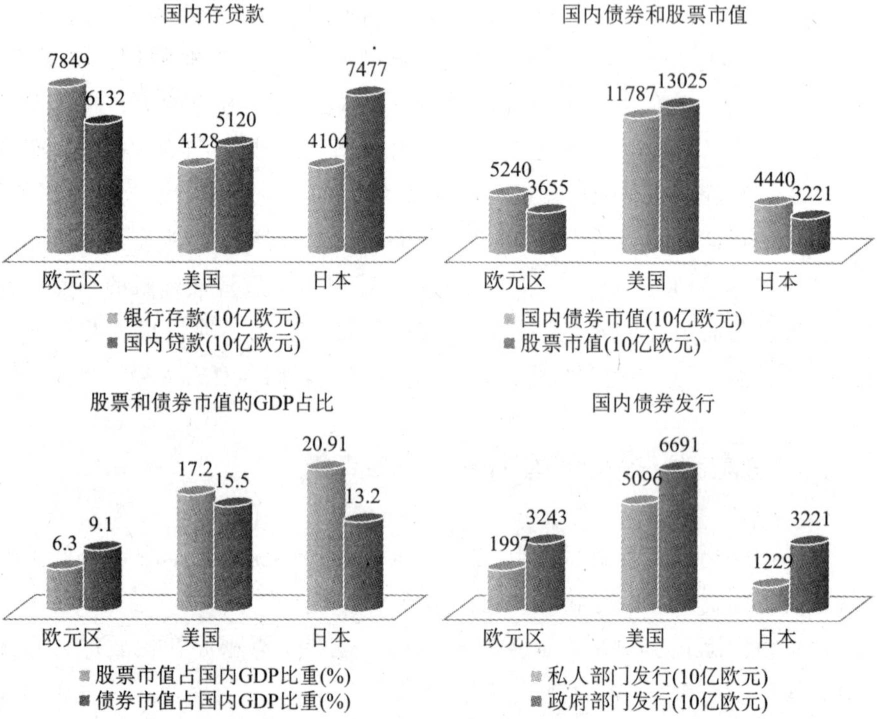

图 2-23　1998 年欧元区、美国和日本的金融实力

资料来源：《欧洲中央银行》月报，1999 年 8 月。

20 世纪上半叶，美元霸权源于其超强的经济实力和布雷顿森林体系的特权地位。布雷顿森林体系崩溃以后，国际货币体系事实上的美元本位制，其深层的原因则是美国拥有全世界最发达的金融市场。图 2-23 是 1998 年欧元区、美国和日本的金融实力比较。图 2－24 是 2001～2010 年主要货币在国际外汇市场的周转率。

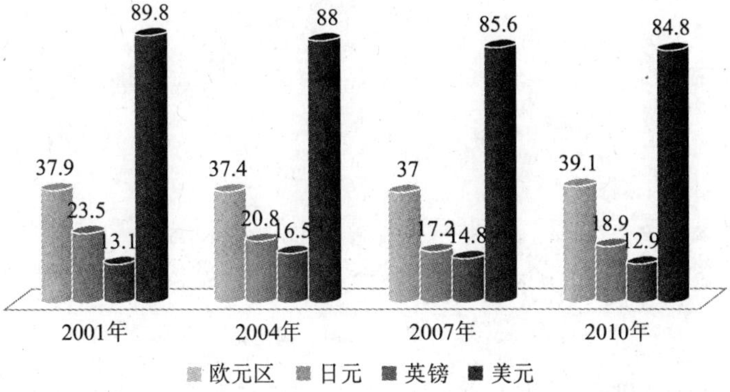

图 2－24　2001～2010 年外汇市场货币周转率（%）①

资料来源：BIS（Bank of International Settlement）.

三、币值稳定是货币国际化的稳固基石

布雷顿森林体系崩溃后，黄金非货币化。世界各国货币不再具有法定含金量，货币的价值信用及其购买力由其发行国根据国内物质基础强制赋予。因此，币值稳定取决于本国物价稳定（从而保持稳定的购买力），以及外汇市场的汇率稳定（从而保持良好的信誉）。

币值稳定对于国际货币持有者的重要意义在于：国际货币在国际交易中能否成功执行其货币职能，取决于该货币被国际交易者认可的程度。在国际市场上，币值长期稳定的货币能减少国际交易中的信息成本以及资产价值损失。作为由政府信用担保购买力，纸币只有保持币值稳定才能被普遍接受直至取得全世界的信赖。

从货币国际化的历史来看：20 世纪 50～60 年代德国马克和日元国际化的初期，其最大特点就是汇率与物价稳定的良好信誉。在币值稳定基础上，两种货币都实现国际化，成为全球瞩目的主要国际货币（见图 2－25）。

① 总量＝200%。

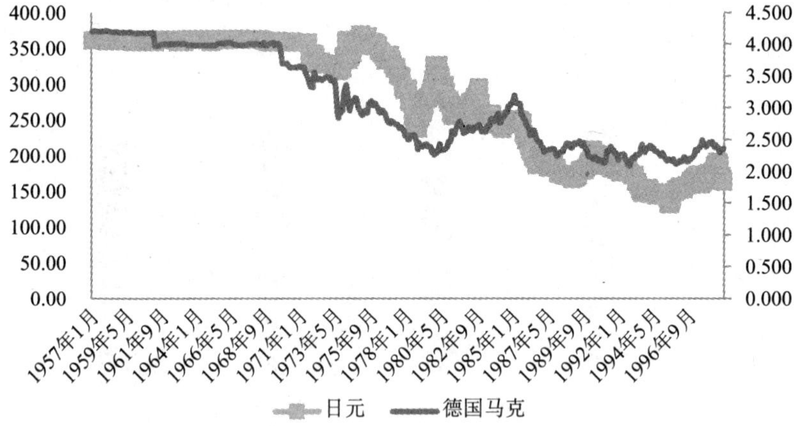

图 2－25　1957～1996 年德国马克和日元名义汇率的相对走势（日元（马克）/SDR）

资料来源：IFS Dataset.

历史经验还表明：国际货币从强盛走向衰退都是以币值波动（尤其是币值高估）为起点的。1925 年，英国恢复金本位制，由于没有考虑物价上涨因素，英镑币值被高估，最后导致国际收支逆差及黄金流失，英镑自此走向衰退；朝鲜战争和越南战争使美国积累了大量债务，加之美国的国际收支逆差，致使美元实际价值偏离其黄金平价，致使 20 世纪 60～70 年代爆发了多次“美元危机”。伴随着一次次的“美元危机”，布雷顿森林体系走向崩溃，美元也告别了昔日的辉煌；最为典型的日元，在长期持续的升值过程中丧失了国际化的大好前程。因此，币值稳定是货币国际化的重要保障。

四、资本账户开放是货币国际化的前提条件

国际货币要在国际贸易活动中充当流通手段和支付手段，为了确保交易顺利就必须能够自由兑换。此外，在信用货币流通的当今，国际货币的本质是其发行国担保的购买力，一旦发行国发生信誉危机，资本账户开放就能保障货币可以顺利逃离，减少资产损失，从而增加保有货币资产的安全性，而无法自由兑换的货币其国家信誉是极其有限的。因此，资本账户开放是一种货币迈向国际化的第一步。

由于开放经济条件下存在“不可能三角”（Trilemma），资本账户开放、汇率稳定和货币政策独立性三者之间存在不能兼得的关系，一国在推进本国货币国际化的过程中需要在内部平衡和外部平衡中作出选择，即，开放资本账户要牺牲国内经济的稳定。因此，德国马克和日元都曾经为了维持国内经济发展而对资本账户实施一定程度的管制（见图2-26），也就使货币国际化进程减缓甚至停滞。实际上，20世纪的美元之所以取得超级霸权地位，固然与美国超强的经济实力与高度发达的纽约金融市场有关，但与德国实施资本管制致使德国马克放弃国际化，给美元让出国际化空间无不相关。

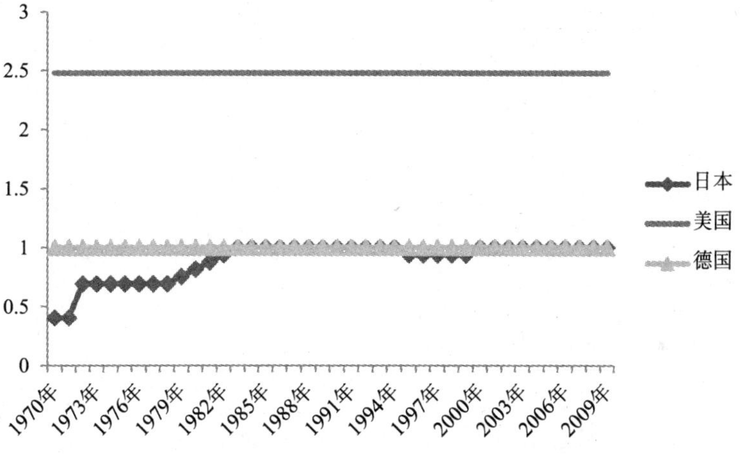

图2-26 1970~2009年资本账户开放指数

数据来源：Chinn and Ito .

五、“网络外部性”是货币国际化的有效保障

国际货币的“网络外部性”（Network Externality）是指人们在经贸往来中有遵照已有市场主流，即，大多数国家使用的货币，选择货币的强烈动机。国际货币的“网络外部性”一旦形成，就会具有历史“惯性”。国际货币这种“自我强化”机制对新国际货币构成严重的“进入壁垒”，一种国际货币替代另一种国际货币的过程通常非常缓慢。对于国际货币的“网络外部性”，马寅初先生有过如下的经典描述：“直到二战期间，中美之间的贸

易竟然要通过英国的银行，用英镑计价和结算……不用中国货币还容易理解，因为中国境内战争不断，国民党政府发行的金圆券币值不稳，恶性通胀。但是不用美元就不那么容易理解了。美国毕竟远离战场，经济特别繁荣，币值也算得上稳定。”①

从货币国际化的历史来看：20 世纪初，美国已经成为世界上最大的工业国家，但同时，是英镑，而不是美元，国际化达到巅峰。直到布雷顿森林体系建立，美元才彻底取代英镑成为国际货币体系的新霸主；可以预见，美元在国际货币体系中的主导地位还将延续很长时间。

① 1944 版《货币新论》。

第 三 章

货币国际化的基本条件

根据本书第二章货币国际化基本条件的分析结果可知：影响一种货币国际地位的主要因素包括货币发行国的经济实力、金融市场发展、币值稳定、资本账户开放，及其在国际金融与贸易交易中的“网络外部性”。为此，本章假设 8 种主要储备货币（美元、欧元、英镑、马克、日元、法国法郎、瑞士法郎和荷兰盾）在全球中央银行外汇储备中所占比例是衡量各储备货币国际化程度的代理变量，用各储备货币发行国 1965 ~ 2010 年宏观经济与金融的年度数据对第 2 章归纳的货币国际化基本条件的各变量实施量化。最后，以量化后的变量作为自变量对因变量实施 OLS 回归分析，以探寻决定货币国际化程度的显著变量，以及影响货币国际地位的主导因素。根据本章对全球 8 种主要储备货币历史的实证分析，可以归纳出货币国际化的基本条件如下：决定储备货币国际地位最重要、最稳定的因素是其发行国的经济规模及其在国际贸易与金融中形成的“网络外部性”；汇率波动明显不利于货币国际地位的提高；资本账户开放和汇率中长期升值有益于储备货币国际地位的发展。

第一节 样本描述与数据选择

一、样本描述

本章实证分析所用数据包括8种主要储备货币占全球中央银行储备货币体系的比例及其相应发行国的各项宏观经济与金融变量，数据的时间跨度为1965～2010年，数据频率为年度数据。

二、因变量

因变量——8种主要储备货币在全球中央银行所占比例的数据分成1995年前后两个部分：1995年以前的年度数据来自国际货币基金组织（IMF）的各项年报；1995年以后的数据则来自IMF的“外汇官方储备的币种构成”（COFER）数据库。

由于一些国家不愿意透露本国外汇储备货币构成的信息，2005年9月以前，IMF公布的外汇储备构成数据均为估计值。2005年9月，IMF修改了储备货币数据的汇报方法，并重新修正了1995年后的数据。修正后的方案将储备货币的总量分成“已分配储备”和“未分配储备”两个部分。其中，“未分配储备”等于储备货币总量与“已分配储备”的差值。“已分配储备”大约占总储备货币的70%。各储备货币1965～2009年的相对走势见图3-1。

三、自变量

根据货币国际化的历史经验：储备货币发行国的经济与贸易规模、金融市场发展、币值稳定、资本账户开放，以及作为国际货币在全球贸易与金融交易中的“网络外部性”是决定该国货币国际化程度的基本条件。本章将上述五项基本条件用一系列相关宏观经济与金融变量加以量化，然后用全球8种主要储备货币发行国的宏观经济与金融变量在1965～2009年的年度面板数据对各宏观经济与金融变量实施量化。

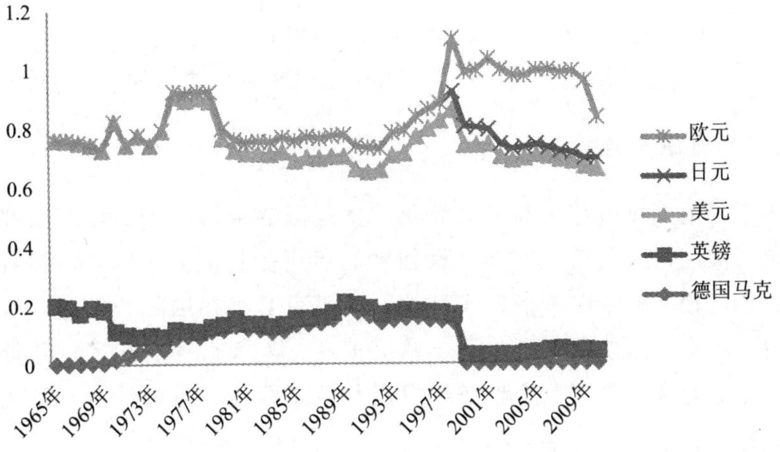

图 3-1　1965~2009 年主要储备货币占全球中央银行外汇储备比例（%）

数据来源：IMF COFER Database.

具体来说，将储备货币发行国的经济实力通过相应货币发行国的 GDP 全球占比、进口规模和出口规模等变量实施量化；将储备货币发行国的金融市场发展通过相应货币发行国的股票市场资本化率、政府债券规模和外汇市场周转率（Foreign Exchange Market Turnover）等变量实施量化；将储备货币发行国的币值稳定通过相应货币的汇率波动率、汇率升值、真实利率和通货膨胀等变量实施量化；将储备货币发行国的资本账户开放通过资本账户开放指数（Capital Account Openness Index）实施量化；并将储备货币的"网络外部性"通过因变量的一阶滞后项实施量化。

（一）经济与贸易规模

从国际货币的历史经验来看：20 世纪初，美国的 GDP 全球占比从 10% 上升至第一次世界大战后的 20%，美元地位也因此在一战后迅速超越英镑；1970 年，日本的 GDP 全球占比为 7%，到 1988 年上升为 16%，日元也因此在 80 年代成为主要的国际储备货币。我国经济规模在 2010 年已跻身全球第 2，贸易规模在 2012 年全球排名第 1，且我国经济未来 10 年的增长预期均高于欧美，人民币理应占有国际货币的一席之地。本章用 GDP 全球占比、进口总量和出口总量来测度一国经济与贸易规模，各变量及其定义如下：

1. GDP 全球占比：储备货币发行国 GDP 总量占全球 GDP 总量的百

分比。

2. 进口规模：用当前美元价值（Current US $）表示的进口总量。

3. 出口规模：用当前美元价值（Current US $）表示的出口总量。

（二）金融市场发展

由于目前人民币利率尚未市场化，且我国的金融市场仍然对大部分国外投资者关闭，人民币在国际金融领域的运用受到极大制约。但随着我国金融管制放松和资本账户的逐步开放，人民币必将在国际金融舞台扮演重要角色。本章用股票市场资本化、政府债券、外汇市场周转率以及资本账户开放指数等变量来刻画金融市场发展与资本账户开放的情况，各变量及其定义如下：

1. 股票市场资本化：是测度股票市场规模的指针。表示为上市公司的总市值。

2. 政府债券规模：一国政府在国内外发行的债券总值。

3. 外汇周转率：衡量金融中心规模、深度及发展程度的指标。由于外汇市场上每笔外汇交易均涉及两种货币，因此外汇市场周转率的最大值是200%。本章将 Chinn 和 Frankel（2008）外汇换手率的数据延伸至2010年。

（三）币值稳定

货币发行国的真实利率和通货膨胀率是储备货币币值稳定的宏观经济基础，汇率波动较小及有长期升值趋势的货币更具国际货币优势。本章用真实利率、通货膨胀、汇率波动率，以及汇率升值等变量刻画储备货币币值的稳定，各变量定义如下：

1. 汇率波动率：相对于 SDR 月度汇率取对数后差值的 5 年平均标准偏差。

2. 汇率升值：相对于 SDR 月度汇率 5 年平均值的变化幅度。

3. 真实利率：名义利率与通货膨胀的差值。

4. 通货膨胀：一国通货膨胀与 5 个主要发达国家平均通胀率的差值。

（四）资本账户开放

本章用资本账户开放指数（$KAOPEN_t$）来刻画金融市场发展与资本账

户开放的情况，资本账户开放指数是美国威斯康辛大学（University of Wisconsin）的 Menzie Chinn 和 Hiro Ito 根据 IMF《汇兑安排与汇兑年度报告，AREAER》编制的用于测度金融开放度的综合指数。

表 3－1　　资本账户开放指数（$KAOPEN_t$）

时间	美国	英国	德国	日本	中国
1970	2.46	－1.86	2.46	－0.11	NA
1980	2.46	1.66	2.46	1.66	NA
1990	2.46	2.46	2.46	2.46	－1.86
2000	2.46	2.46	2.46	2.46	－1.16
2010	2.46	2.46	2.46	2.46	－1.16

数据来源：Chinn and Ito Update（2010）。

$KAOPEN_t$由 K_{1t}、K_{2t}、K_{3t}和 K_{4t}4 个变量组成：K_{1t}测度一国多重汇率体制安排的比例；K_{2t}测度一国经常账户交易管制的程度；K_{3t}测度一国资本账户交易管制的程度；K_{4t}描述一国出口收益结汇制度的安排。$KAOPEN_t$数值越大，表示一国资本账户开放的程度越高（见表 3－1）。

（五）“网络外部性”

本章用储备货币比例的一阶滞后项捕捉网络外部性的特性。

最新全球中央银行体系储备货币比例以及发行国宏观经济变量数据见表 3－2。

表 3－2　　储备货币比例及其决定因素的最新数据

	美元	欧元	英镑	日元	瑞士法郎	人民币	时间（年）
中央银行储备货币比例							
央行外汇储备占比（%）	61.50	26.20	4.00	3.80	0.10	NA	2010
经济与贸易规模							
GDP 全球占比（%）	0.28	0.17	0.04	0.12	0.01	0.09	2010
出口（万亿美元）	1.37	2.85	0.48	0.63	0.20	2.05	2012
进口（万亿美元）	1.67	2.80	0.53	0.48	0.10	1.06	2009
金融市场与资本账户开放							
股票市场资本化（十亿美元）	13.40	7.83	2.33	3.30	1.00	3697	2012

续表

	美元	欧元	英镑	日元	瑞士法郎	人民币	时间（年）
政府债券（十亿美元）	35.85	NA	4.39	36.83	0.46	1248	2012
外汇换手率（总量 =200%）	84.85	39.07	12.88	18.97	6.36	0.9	2010
资本账户开放	2.48	NA	1.00	1.00	NA	0.16	2010
币值稳定							
真实利率（%）	2.00	NA	-2.00	4.00	3.00	0.00	2010
通货膨胀差额	-0.47	0.23	2.10	-1.47	-0.57	0.84	2010
汇率波动率	0.11	0.14	0.17	0.20	0.17	0.12	2009
汇率升值（%）	0.16	-0.08	0.31	-0.19	-0.10	-0.21	2009

数据来源：COFER，IFS，BIS，WDI 和 Chinn & Ito.

因变量和各自变量的名称、代码、数据来源以及变量定义见表 3-3。

表 3-3　　数据描述

变量名称	代码	数据来源	频率	变量定义
因变数				
储备货币比例	ratio	COFER	年度	某储备货币在全球中央银行储备货币体系中所占比例
自变量				
GDP 全球占比	gdpr	WDI[①]	年度	GDP 全球占比
出口全球占比	expr	WDI	年度	出口总额全球占比
进口全球占比	impr	WDI	年度	进口总额全球占比
股票市场资本化	stoc	BIS[②]	年度	上市公司总市值
政府债券	gbond	BIS	年度	政府国内外债券总额
外汇市场换手率	fxtur	BIS	3 年度	外汇市场换手率
资本账户开放指数	kaop	Chinn & Ito[③]	年度	资本账户开放指数
真实利率	rir	WDI	年度	名义利率与通货膨胀的差值
通货膨胀差额	inf	IFS[④]	年度	与发达国家通货膨胀的差额
汇率波动率	vol	IFS	月度	相对 SDR 月度汇率取对数后差值的 5 年平均标准偏差
汇率升值	appre	IFS	月度	相对 SDR 月度汇率 5 年平均值的变化幅度

注：①WDI：World Bank World Development Index；②BIS：Bank of International Settlements；③IFS：IMF International Financial Statistics；④Chinn and Ito.

第二节 实证方法

本章的实证分析将货币国际化的基本条件划分成国内、国外两个部分：储备货币发行国的国内经济与金融环境，包括经济增长、金融市场发展、汇率稳定，以及资本账户开放是货币国际化的内部基础；而储备货币在国际贸易与金融交易“网络外部性”是其实现国际化的外部条件。为此，首先测度经济与贸易规模、金融市场发展与资本账户开放，以及币值稳定等诸因素对货币国际地位的影响，旨在探寻货币发行国国内经济与金融环境的哪些因素是决定其货币国际化的显著变量。随后，再在回归分析中加入在位货币的“网络外部性”变量，以考查其在系列货币国际地位决定因素中的地位与作用。本书期待从内外两个视角对货币国际化的一般规律进行较为完整的分析。

一、模型Ⅰ：不考虑“网络外部性”的线性回归

本章首先采用模型Ⅰ，即（3－1）式，将储备货币的比例对相应货币发行国一系列宏观经济金融变量实施OLS线性回归：

$$Y_{it} = \alpha + \beta X_{it} + \varepsilon_{it} \tag{3-1}$$

其中，Y_{it}——储备货币i在某一时点t占全球中央银行储备货币的比例；

X_{it}——储备货币i发行国的宏观经济金融变量在某一时点t的值；

ε_{it}——误差项。

二、模型Ⅱ：考虑“网络外部性”的线性回归

接着采用模型Ⅱ，即（3－2）式，将储备货币的比例对相应货币发行国的各宏观经济金融变量做OLS线性回归：

$$Y_{it} = \alpha + \beta X_{it} + \lambda Y_{i(t-1)} + \varepsilon_{it} \tag{3-2}$$

其中，$Y_{i(t-1)}$——Y_{it}的一阶滞后项，用于刻画储备货币的“网络外部性”；

X_{it}——储备货币 i 发行国的宏观经济金融变量在某一时点 t 的值；

ε_{it}——误差项。

三、模型Ⅲ：考虑“临界点现象”（Tipping Phenomenon）的线性回归

从计量经济学的角度来看，“网络外部性”在计量分析中表现为储备货币比例与相应货币发行国经济金融变量之间的非线性关系。即，当一种储备货币在全球中央银行体系中比例太高或太低时，发行国经济金融变量的变化对其不会有大的影响；只有当储备货币比例超过一定“临界点”时，中央银行体系储备货币的比例才会对其发行国经济金融变量的变化有较敏感的反应，这种现象也被称为“临界点现象”。为了捕捉储备货币“临界点现象”的特点，本章对因变量 Y_{it}实施 Logistic 变换，即令 $\ell Y_{it} = \log(Y_{it}/1 - Y_{it})$。变换后的因变量 ℓY_{it}比原变量 Y_{it}更准确地刻画了其与自变量 $gdpratio_{it}$之间的关系（见图 3－2 和图 3－3）。

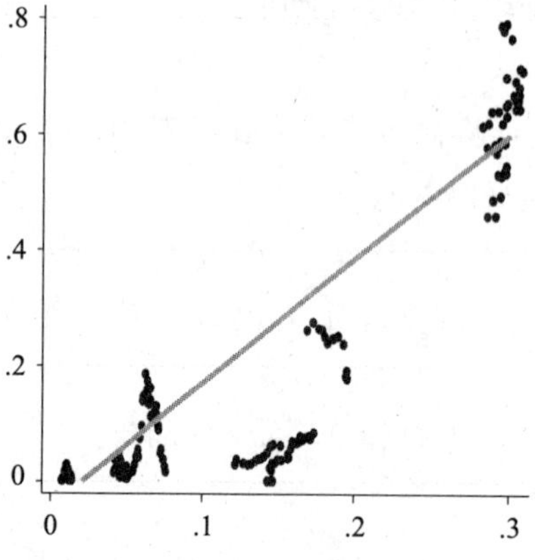

图 3－2　Y_{it}与 $gdpratio_{it}$

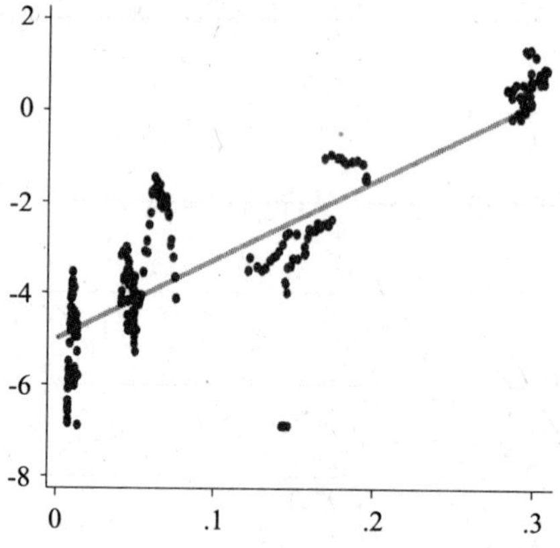

图 3－3　ℓY_{it}与 $gdpratio_{it}$

增加储备货币的“临界点现象”因素，采用模型Ⅲ，即（3－3）式，将储备货币比例对相应货币发行国的各宏观经济金融变量实施 OLS 回归：

$$\ell Y_{it} = \alpha + \beta X_{it} + \gamma \ell Y_{i(t-1)} + \varepsilon_{it} \qquad (3-3)$$

其中，$\ell Y_{it} = \log(Y_{it}/1 - Y_{it})$；

X_{it}——储备货币 i 发行国的宏观经济金融变量在某一时点 t 的值；

ε_{it}——误差项。

综合分析模型Ⅰ至模型Ⅲ所获的实证结果，可以归纳货币国际化的一般历史规律，发现决定货币国际化的显著变量以及影响储备货币国际地位的主要因素，并回答人民币国际化目前是否具备基本条件的问题。

第三节 实证结果

首先检验各解释变量之间的相关系数（见表3-4），从相关系数矩阵可知各变量之间不存在多重共线性。

表3-4　解释变量的相关性

	gdpr	impr	kaop	vol	inf	appre	$ratio_{-1}$	$lratio_{-1}$
gdpr	1	0.589	0.179	-0.199	-0.022	0.027	0.702	0.798
impr	0.589	1	0.629	-0.259	0.161	0.101	0.629	0.641
kaop	0.179	0.629	1	-0.328	0.001	0.115	0.649	0.611
vol	-0.199	-0.259	-0.328	1	-0.304	-0.068	-0.427	-0.264
inf	-0.022	0.161	0.001	-0.305	1	0.408	0.064	-0.057
appre	0.027	0.101	0.115	-0.068	0.408	1	0.164	0.073
$ratio_{-1}$	0.702	0.629	0.649	-0.427	0.064	0.164	1	0.723
$lratio_{-1}$	0.798	0.641	0.611	-0.264	-0.057	0.073	0.723	1

接着，用全球中央银行8种主要储备货币的比例作为因变量对本章选定的相应储备货币全部经济与金融变量实施线性回归。剔除不显著变量后实施线性回归，即（3-4）式：

$$ratio_{it} = \alpha + \beta_1 gdpr_{it} + \beta_2 impr_{it} + \beta_3 kaop_{it} + \beta_4 inf_{it} + \beta_5 vol_{it} + \beta_6 appre_{it} + \varepsilon_{it} \quad (3-4)$$

然后增加储备货币“网络外部性”变量 $\ell ratio_{i(t-1)}$ 再实施线性回归2，即（3-5）式：

$$ratio_{it} = \alpha + \beta_1 gdpr_{it} + \beta_2 impr_{it} + \beta_3 kaop_{it} + \beta_4 inf_{it} + \beta_5 vol_{it} + \beta_6 appre_{it} + \lambda ratio_{i(t-1)} + \varepsilon_{it} \quad (3-5)$$

最后，去掉回归2的不显著变量，用 Logistic 变换后的因变量 $\ell ratio_{it}$ 对剩余变量实施非线性回归3，即（3－6）式：

$$\ell ratio_{it} = \alpha + \beta_1 gdpr_{it} + \beta_5 vol_{it} + \lambda \ell ratio_{i(t-1)} + \varepsilon_{it} \quad (3-6)$$

回归1至回归3的结果见表3－5：其中，回归1揭示经济规模、资本账户开放和汇率升值与储备货币比例显著正相关，币值波动与储备货币比例显著负相关；回归2显示在所有显著变量中，“网络外部性”显著水平为1%，是显著水平最高的变量，表明“网络外部性”对货币国际地位具有突出作用；经济规模的显著水平为5%；币值稳定则为10%。值得注意的是，加入储备货币“网络外部性”后，资本账户开放和币值升值不再显著；回归3表明决定储备货币比例的显著变量只有经济规模和“网络外部性”，其他所有变量全部不再显著。

表3－5　储备国际国际化的基本条件

	回归1[①]	回归2[②]	回归3[③]
Intercept	－0.0741 [0.0108]	0.0057 [0.4869]	－0.5349 [<.0001]
gdpratio	1.9223 [<.0001]***	0.1156 [0.0362]**	2.0641 [<.0001]***
imp	4.29E－14 [0.1702]	－4.88E－15 [0.5622]	
kaop	0.0314 [0.0006]***	0.0002 [0.9258]	
vol	－0.4073 [0.0216]**	－0.0835 [0.0898]*	0.0302 [0.2111]
inf	－0.0017 [0.635]	－0.0011 [0.2643]	
appre	0.0549 [0.0004]***	0.0044 [0.2986]	
ratio$_{-1}$		0.9525 [<.0001]***	
lratio$_{-1}$			0.8852 [<.0001]***
N obs	158	156	258
F value	398.2754	272.7781	596.5704
R－squared	0.8382	0.6919	0.5247

注：①回归1对应模型Ⅰ；②回归2对应模型Ⅱ；③回归3对应模型Ⅲ。

*** 表示1%显著水平；** 表示5%显著水平；* 表示10%显著水平。

将回归1至回归3的显著变量归纳总结见表3－6：经济规模在回归1至回归3均显著；"网络外部性"在将其纳入方程回归2和回归3显著；币值稳定在回归1和回归2显著；资本账户开放和汇率升值只在回归1显著。

表3－6　　　　影响储备国际货币地位的显著变量

	回归1	回归2	回归3
经济规模	***	**	***
网络外部性		***	***
币值稳定	**	*	
资本账户开放	***		

注：① 回归1对应模型Ⅰ；② 回归2对应模型Ⅱ；③ 回归3对应模型Ⅲ。

*** 表示1%显著水平；** 表示5%显著水平；* 表示10%显著水平。

进一步对回归拟合后的残差进行序列相关LM检验和异方差ARCH检验（见表3－7），结果表明残差序列不存在序列相关性以及异方差性。

表3－7　　　　残差检验

	回归1	回归2	回归3
序列相关LM检验（P值）	0.5763	0.2886	0.3649
异方差ARCH检验（P值）	0.6358	0.3579	0.7546

注：① 回归1对应模型Ⅰ；② 回归2对应模型Ⅱ；③ 回归3对应模型Ⅲ。

至此，根据全球8种主要储备货币历史的实证分析，可以将货币国际化的基本条件归纳如下：决定储备货币国际地位最重要、最稳定的因素是其发行国的经济规模及其在国际贸易与金融中形成的"网络外部性"；汇率波动明显不利于货币国际地位的提高；资本账户开放有益于储备货币国际地位的发展。

第四章

人民币国际化条件的实证解读

本章以本书第二章主要货币国际化历史的经验总结以及第三章对全球8种主要储备货币国际化历史的实证分析结果为基础，利用国际货币基金组织（IMF）、世界银行（WB）以及国际清算银行（BIS）等国际权威机构的公开数据，对人民币国际化的条件，即中国经济与贸易规模、中国金融市场发展、人民币汇率稳定、人民币资本账户开放，以及人民币“网络外部性”实施全面分析。并选取美国、英国、法国、德国和瑞士等主要储备货币发行国以及巴西、印度、俄罗斯（苏联）等“金砖国家”的相应数据，与中国的相应指标实施跨国比较，对人民币国际化的基本条件进行深入解读。并得出关于人民币国际化条件的基本结论，即基于中国经济规模全球第二、贸易规模世界第一以及人民币汇率近20年持续稳定升值的事实，人民币国际化已经具备基本条件。

第一节　中国的经济与贸易规模

货币国际化本质上是国家整体经济实力的货币表现，一个国家的经济规模决定了该国货币在国际经济与贸易的潜在使用量。Chinn 和 Frankel（2005）的研究表明，从短期来看，国际货币发行国的 GDP 全球占比每提高 1%，其货币在全球中央银行体系的外汇储备占比约提高 0.1%；从长期来看，这一比例会上升 2.2%。GDP 规模、GDP 全球占比，以及 GDP 全球排名都是衡量经济规模的常用指标。同时，货币国际化本质上还是国际贸易发展的客观需要，贸易规模主要通过进口规模以及出口规模等指标进行衡量。

一、中国的经济规模

（一）经济规模

根据世界银行的统计数据，中国 GDP 规模已从 1980 年的 2024 亿美元增长到 2012 年的 82270 亿美元（见图 4－1），国内总产出在过去的 32 年翻了 41 倍。

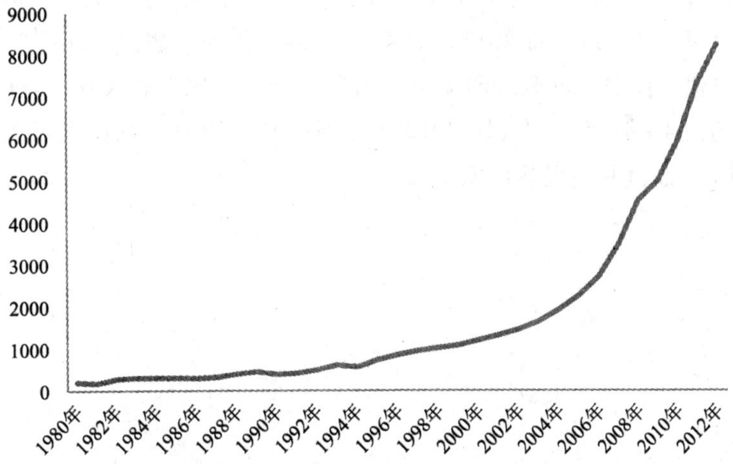

图 4－1　1980～2012 年中国经济规模（十亿美元）

数据来源：WDI，World Bank World Development Index.

将 2012 年美国、英国、德国、法国、瑞士等发达国家，以及巴西、南非、苏联、印度和中国等“金砖国家”的 GDP 规模排序后得到图 4－2。可以看出，2012 年，中国经济规模仅次于美国，超过日本、德国、英国和法国等发达国家以及其他“金砖国家”。

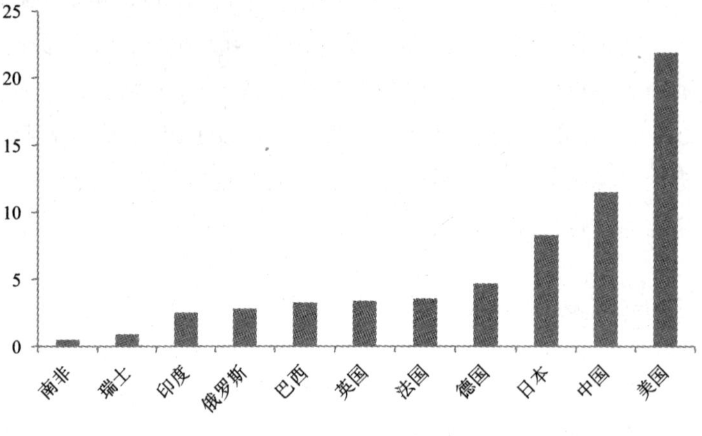

图 4-2　2012 年经济规模的跨国比较（十亿美元）

数据来源：WDI，World Bank World Development Index.

（二）经济规模全球占比

中国经济规模的全球占比已经从 1980 年的 1.9% 上升到 2012 年的 11.5%（见图 4-3）。将 2012 年美国、英国、德国、法国、瑞士等发达国家以及巴西、南非、苏联、印度和中国等“金砖国家”的 GDP 全球占比排序后得到图 4-4。可以看到，2012 年中国的 GDP 全球占比排名仅次于美国的 21.9%，超过其他发达国家以及“金砖国家”。

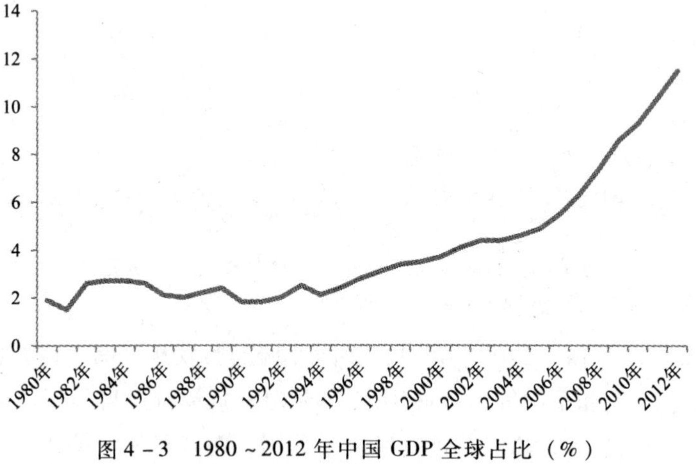

图 4-3　1980～2012 年中国 GDP 全球占比（%）

数据来源：WDI，World Bank World Development Index.

（三）经济规模全球排名

1990～2010 年 GDP 全球前 4 名的排名见表 4－1。

表 4－1　1990～2010 年 GDP 全球排名前 4 位的跨国比较

年度	第 1	第 2	第 3	第 4
2010 年	美国	中国	日本	德国
2009 年	美国	日本	中国	德国
2008 年	美国	日本	中国	德国
2007 年	美国	日本	中国	德国
2006 年	美国	日本	德国	中国
2005 年	美国	日本	德国	英国
2004 年	美国	日本	德国	英国
2003 年	美国	日本	德国	英国
2002 年	美国	日本	德国	英国
2001 年	美国	日本	德国	英国
2000 年	美国	日本	德国	英国
1995 年	美国	日本	德国	法国
1990 年	美国	日本	德国	法国

数据来源：WDI World Bank World Development Index，经作者计算。

可以看到，从 1990 年到 2005 年，进入全球 GDP 排名前 4 位的国家只有美国、日本、英国、德国、法国等 5 个国家。中国 GDP 全球排名自 2006 年超越英国位居第 4 位；2007 年超越德国进入第 3 位；2010 年超越日本进入第 2 位。目前中国 GDP 排名仅次于美国。

在过去的 32 年中，中国 GDP 排名从 1981 年的全球 15 名上升到 20 世纪 80 年代的 7～11 名；90 年代步入 5～10 名；进入 21 世纪后，中国 GDP 全球排名一路飙升，2010 年到达全球第 2。1980～2010 中国 GDP 全球排名走势如图 4－5 所示。

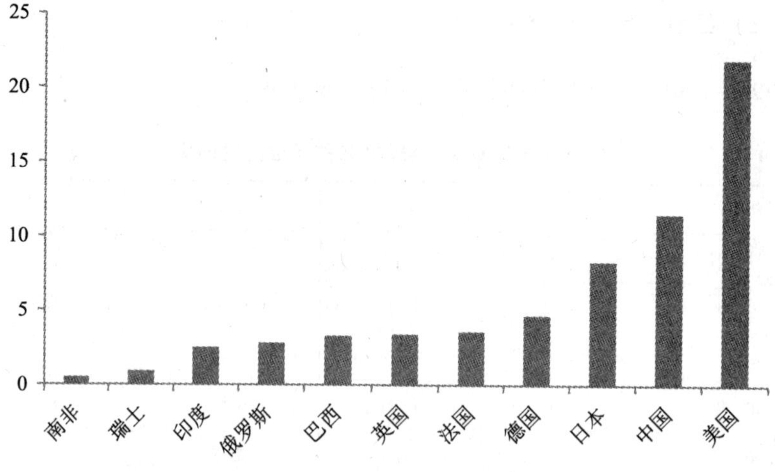

图 4-4 2012 年 GDP 全球占比的跨国比较（%）

数据来源：WDI World Bank World Development Index.

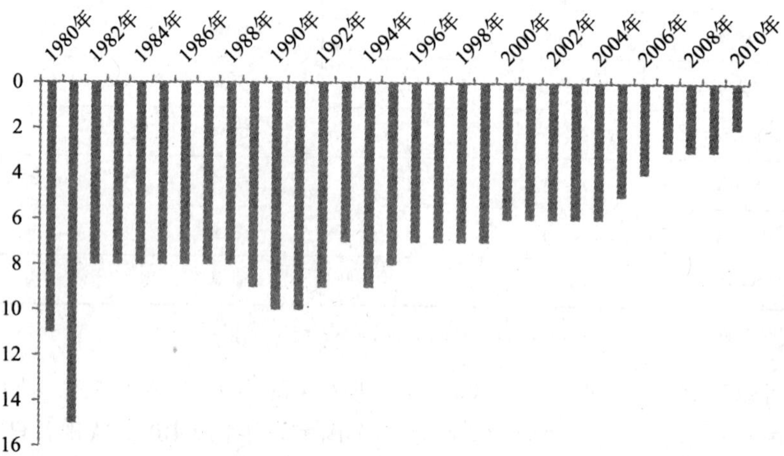

图 4-5 1980~2010 年中国 GDP 全球排名

数据来源：WDI World Bank World Development Index 经作者计算。

二、中国的贸易规模

（一）进出口贸易规模

1945 年第二次世界大战结束以后，美国取得了全球商业的霸主地位，但这一地位在2012年遭到来自中国的挑战。2012年，美国的进出口总额约为3.82万亿美元，贸易逆差总额为7 279亿美元；而中国同年的进出口贸易总额约为3.87万亿美元，贸易顺差总额为2 311亿美元，即中国进出口贸易总额2012年已超越美国成为全球贸易的新霸主。中国对世界经济已具备不可忽视的影响力。

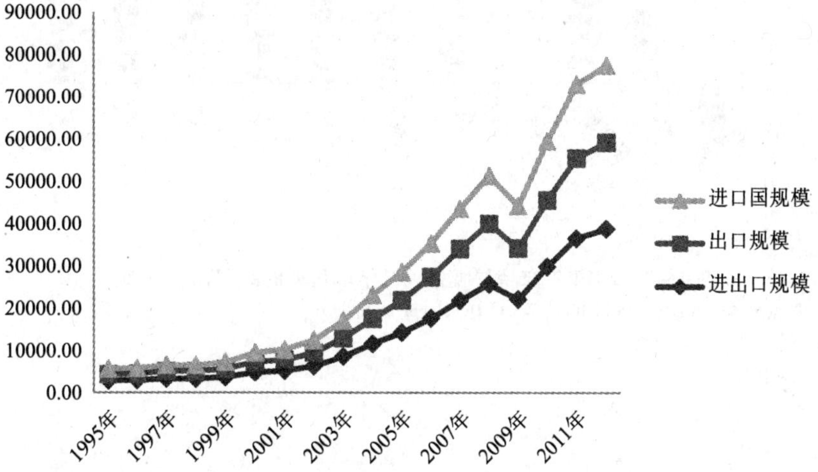

图4－6　1995～2012年中国进出口规模（亿美元）

数据来源：wind经作者计算。

表4－2是中国1995～2012年各年1月进出口贸易的当月金额。可以看到，除全球“金融危机”后的2009年进口、出口，以及进出口规模比上年下滑外，在1995～2011年其他所有年份，中国进出口贸易均呈现持续增长走势（见图4－6）。

（二）进出口贸易增长率

1980～2012年间，中国出口贸易平均年增长率约为14.2%，进口贸易也保持约12%的平均年增长率。2012年，中国进口贸易的增长率为6.67%，超过美国、英国、日本、法国、德国和瑞士等主要发达国家，也超过巴西、苏联、印度、南非等“金砖国家”（见图4－7）。此外，2012年中国出口增长率约为5.39%，居样本内国家首位（见图4－8）。

综上所述，1980年至今，中国对世界经济的影响力日趋增加。2012年中国经济规模全球排名第2，进出口贸易规模全球排名第1。中国经济“航

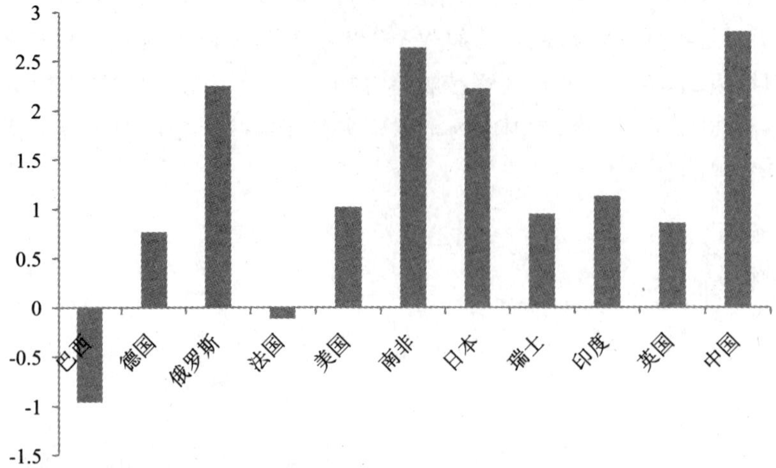

图 4-7　2012 年商品与服务进口年增长率的跨国比较（%）

数据来源：WDI，World Bank World Development Index.

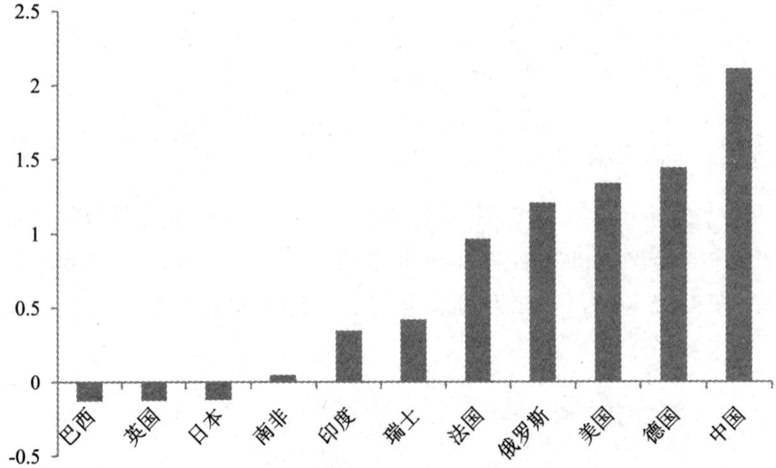

图 4-8　2012 年中国商品与贸易出口年增长率跨国比较（%）

数据来源：WDI，World Bank World Development Index.

母”已经在世界经济中扮演着举足轻重的角色。不远的将来，人民币必将在国际货币体系中占有一席之地。

表 4－2　　　　1995～2012 年中国进出口规模（亿美元）

	进出口规模	出口规模	进口规模
1995 年	2809.52	1488.35	1321.18
1996 年	2901.18	1511.85	1392.33
1997 年	3250.67	1828.77	1421.71
1998 年	3240.44	1838.08	1402.37
1999 年	3606.49	1949.31	1657.16
2000 年	4742.96	2492.11	2250.93
2001 年	5096.63	2660.73	2435.91
2002 年	6209.55	3256.15	2953.28
2003 年	8515.70	4384.69	4131.04
2004 年	11544.71	5936.53	5608.17
2005 年	14225.50	7623.29	6602.23
2006 年	17611.29	9693.34	7917.92
2007 年	21745.85	12186.35	9559.50
2008 年	25632.60	14306.94	11325.67
2009 年	22075.33	12016.10	10059.22
2010 年	29740.00	15777.53	13962.48
2011 年	36418.64	18983.81	17434.83
2012 年	38669.82	20487.82	18181.99

数据来源：wind 经作者计算。

第二节　中国的金融市场发展

金融市场发展是货币国际化的重要条件。货币国际化始终要求本国金融市场的广度、深度和流动性与其国际化进程相匹配：中国证券市场规模足够大，国际投资者才能方便地在国际交易中使用人民币；人民币衍生品市场的金融工具足够多，进出口商才能够实施套期保值以降低资本账户开放导致的汇率风险；人民币资本市场的流动性足够强，各国中央银行以及大机构投资者才能将人民币的政府债券及公司债券作为“安全”资产。

一、中国的银行业

中国金融体系的特点是银行占统治地位，政府对银行体系实施直接管制，且银行的国内信用主要流向国有企业。根据国际货币基金组织的国际金融统计数据（IFS），2011 年 12 月，中国银行业提供的国内信贷总额为 9.28 万亿美元，超过股票及债券市场的总和（见图 4－9）。

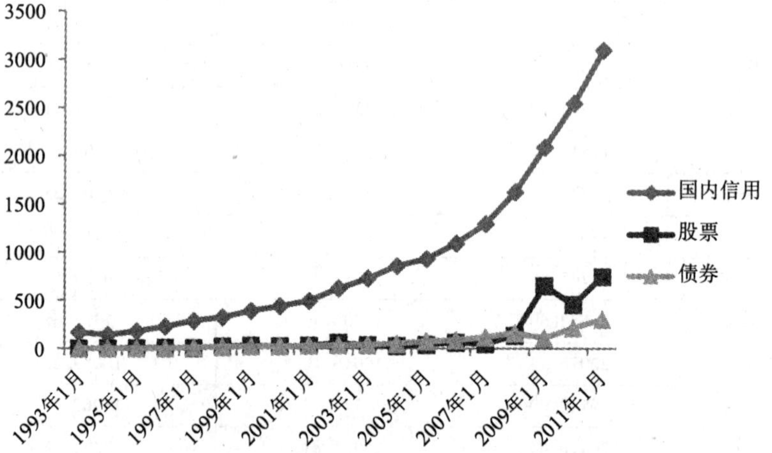

图 4－9　中国国内金融概况（10 亿美元）

数据来源：IFS 和 CEIC，经作者计算。

与发达的主要储备货币发行国相比，中国银行国内信用 GDP 占比相对偏低。图 4－10 是 2011 年银行国内信用 GDP 占比的跨国比较。

从图 4－10 可以看出，中国国内信用的 GDP 占比为 133.5%，不仅低于主要发达国家，包括美国的 234.9%、英国的 212.6%、瑞士的 175% 和日本的 341.7%，而且低于全球 153.5% 的平均水平。但与“金砖国家”相比，中国银行信用的 GDP 占比高于苏联的 39.5%、印度的 74.1% 和巴西的 98.3%。

中国银行业的另一特点是，银行信用的主要来源是存款。自 20 世纪 90 年代初起，中国的银行储蓄存款一直保持着持续上升的势头。1995 年以后，银行储蓄存款的 GDP 占比超过 100%，到 2010 年第 2 季度，银行储蓄存款 GDP 占比上升至 172%（见图 4－11）。

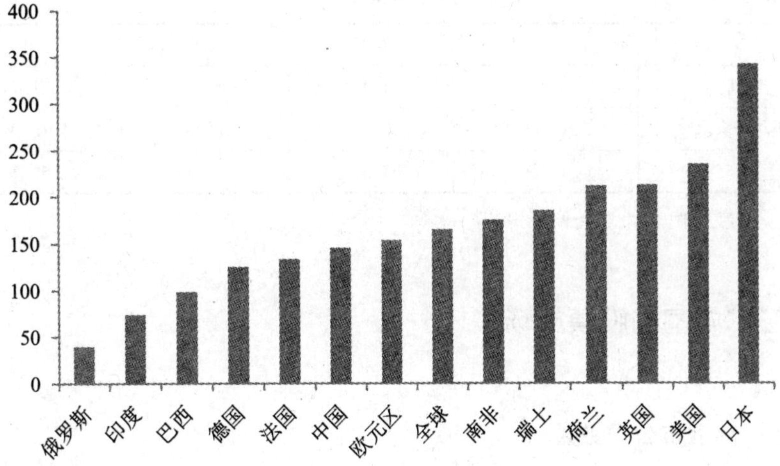

图 4-10　2011 年银行国内信用的跨国比较（GDP 占比%）

数据来源：BIS（Bank of International Settlements）经作者整理。

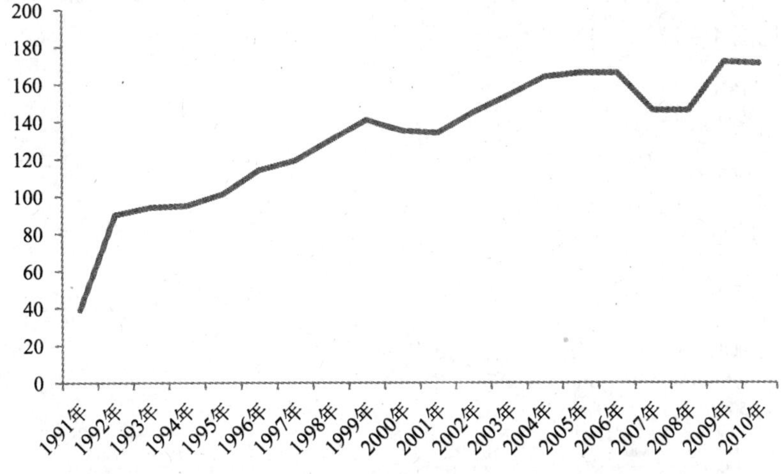

图 4-11　1991～2010 年中国储蓄存款（GDP 占比%）

数据来源：BIS（Bank of International Settlements）经作者计算。

从 2007～2010 年银行国内信用的使用来看，80% 的银行信用的使用者是非金融企业，居民与家庭使用银行信用的比例仅占 2 成（见表 4-3）。

表 4-3　　中国金融机构贷款的使用者　　单位：万亿美元

	2007	2008	2009	2010
总量	3.58	4.44	6.23	7.57
居民/家庭	0.69	0.83	1.20	1.70
非金融企业	2.89	3.60	5.03	5.87

数据来源：中国人民银行相关数据。

二、中国的股票市场

（一）上市公司数量

上市公司数量是衡量一国股票市场规模的重要指标。1990 年 10 月上海证券交易所成立以及 1991 年 4 月深圳证券交易所成立是中国股票市场的起点。至 2011 年，中国上市公司数量已从 1991 年的 14 家持续扩张到了 2494 家（见图 4-12）。

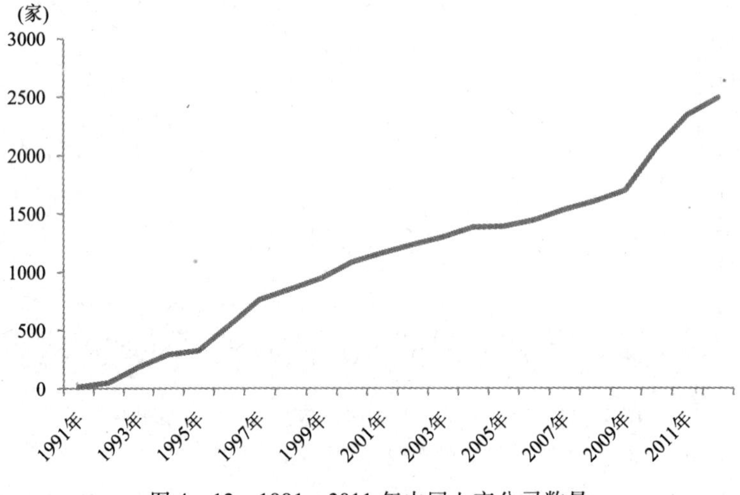

图 4-12　1991～2011 年中国上市公司数量

数据来源：BIS Bank of International Settlements 经作者计算。

2012 年，中国上市公司的数量在金砖国家中列居第 2，仅次于印度。比较样本内的发达国家可知，2012 年中国上市公司的数量超过瑞士、法国和英国，但少于日本与美国。2012 年上市公司数量的跨国比较见图 4-13。

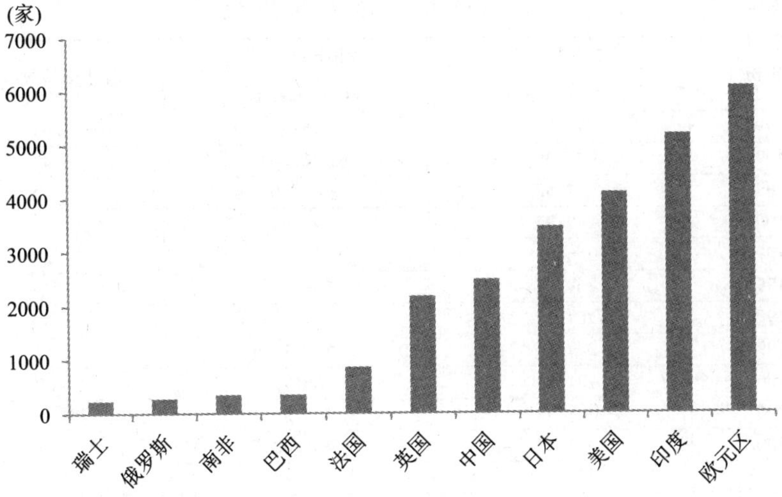

图 4－13　2012 年上市公司数量的跨国比较

数据来源：World Bank World Development Indicators 经作者整理。

(二) 股票市场的规模、效率与流动性

股票市场总市值（Stock Market Total Value）是测度股票市场规模的指标，股票市场资本化（Stock Market Capitalization）和股票交易收益率（Stock Market Turnover Ratio）是衡量股票市场效率与流动性的指标。

2005 年，中国股票市场实施了有史以来规模最大，影响最深的股权分置改革，随后两年内，股票市场总市值、股票市场资本化和股票交易收益率这三项指标均发生巨大变化：2005 年中国股票市场总市值约为 5863 亿美元，2006 年比 2005 年增加了 3 倍，2007 年比 2006 年增长了 4 倍；股票市场资本化在 2005 年约为 7808 亿美元，2006 年比 2005 年增长 3 倍，2007 年比 2006 年又增长约 3 倍；股票交易收益率也由 2005 年的 0.82 增长到 2007 年的 1.80（详见表 4－4）。可见，2005 年中国股权分置改革扩大了股市规模，提高了中国股市的效率和流动性。

同样地，股票市场资本化的 GDP 占比以及股票交易总市值的 GDP 占比也在 2005 年股权分置改革后的 2006 年和 2007 年迅速提高。其中，上市公司资本化的 GDP 占比从 2005 年的 34.59% 上升到 2007 年的 178.20%；股票交易总市值的 GDP 占比也上升了 5 倍，从 2005 年的 25.98% 上升到 2011 年的 223.00%（见图 4－14）。

表 4 - 4　　1992 ~ 2012 年中国股票市场的发展

年份	股票交易总市值（10 亿美元）	股票市场资本化（10 亿美元）	股票交易收益率
1992	16.71	18.30	1.64
1993	43.39	40.60	1.47
1994	97.53	43.50	2.32
1995	49.77	42.06	1.16
1996	256.01	113.76	3.29
1997	369.57	206.37	2.31
1998	284.77	231.32	1.30
1999	377.10	330.70	1.34
2000	721.54	580.99	1.58
2001	448.93	523.95	0.81
2002	333.37	463.08	0.68
2003	476.81	681.20	0.83
2004	748.27	639.76	1.13
2005	586.30	780.76	0.83
2006	1635.12	2426.33	1.02
2007	7791.70	6226.31	1.80
2008	5470.53	2793.61	1.21
2009	8956.19	5007.65	2.30
2010	8029.97	4762.84	1.64
2011	7671.36	3389.10	1.88
2012	5826.51	3697.38	1.64

数据来源：World Bank World Development Indicators.

注：股票收益率定义为上海和深圳证券交易所每年股票交易总额除以本年与上年股票市场资本化的平均值。

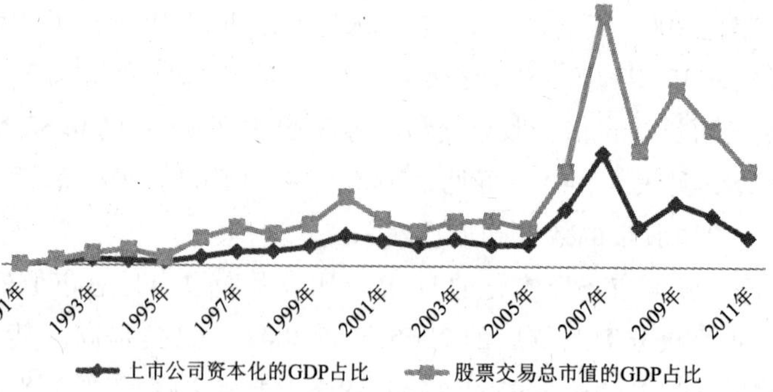

图 4 - 14　1991 ~ 2011 年中国股票市场发展（GDP 占比%）

数据来源：World Bank World Development Indicators.

表 4-5　　2012 年股票市场的跨国比较（10 亿美元）

	巴西	中国	法国	德国	印度	日本	俄罗斯	南非	英国	美国
上市公司市场资本化（10 亿美元）	1230	3697	1823	1486	1263	3681	875	612	3019	18668
股票交易总市值（10 亿美元）	835	5827	1127	1226	622	3605	732	312	2489	21375
股票交易收益（%）	0.68	1.64	0.66	0.92	0.55	1	0.88	0.55	0.84	1.25

数据来源：World Bank World Development Indicators.

股票市场的跨国比较显示，2012 年中国上市公司资本化规模和股票交易总市值在样本内国家列居第二，仅次于美国。美国上市公司资本化规模和股票交易总市值远超过中国，处于绝对领先。中国股市的周转率在 2012 年为 1.64，位居样本内国家的首位（见表 4-5）。尽管中国股票市场为国内和国外的投资者提供人民币定值的资产，但是外国人参与国内股市有诸多限制。此外，中国股市容易受到政策影响，且波动极大。

三、中国的债券市场

（一）国内债券

图 4-15 显示的是中国国内债券市场 2000 年至 2012 年的发展情况。从图 4-15 可以看到，在过去的 12 年中，中国债券市场发展非常迅速，但这种发展的起点非常低。

将国内债券市场发展作跨国比较可知，中国国内债券市场的规模，无论是金融债券、非金融债券还是政府债券规模都远低于日本，但比起巴西、俄罗斯和南非等“金砖国家”要略胜一筹（见表 4-6）。

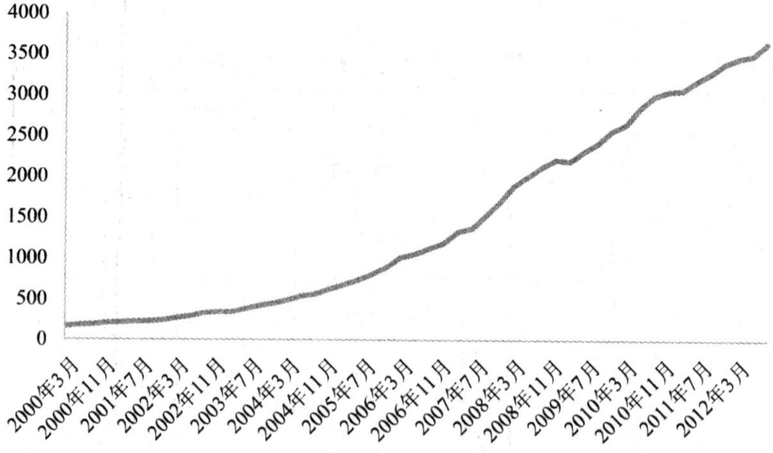

图 4 - 15　2000 ~ 2012 年中国国内债券市场的发展（10 亿美元）

数据来源：Bank of International Settlements，BIS.

表 4 - 6　2012 年 12 月国内债券市场的跨国比较（10 亿美元）

	金融公司债券	非金融公司债券	政府债券
巴西	604. 807	147. 087	1321. 445
中国	1651. 296	735. 812	1248. 243
日本	2954. 48	942. 174	12018. 23
俄罗斯	49. 391	62. 91	96. 613
南非	51. 543	27. 292	135. 122

数据来源：BIS（Bank of International Settlements）.

（二）国际债券

图 4 - 16 是 2012 年 12 月主要储备货币发行国，以及巴西、俄罗斯、中国、印度和南非等“金砖国家”的国际债券及票据发行规模的跨国比较。从样本内各国国际债券的发行规模来看，2012 年 12 月美国、英国、德国、法国分别为 28887 亿、27946 亿、19138 亿和 16870 亿美元，占到全部样本内国家国际债券发行总额的 86. 4%。中国国际债券发行总额为 1488 亿美元，仅占全部样本内国家债券发行总量的约 0. 14%。

1984 ~ 2011 年各国国际债券的发展情况如图 4 - 17 所示，可以看到，在过去近 30 年中，美国、英国、德国、法国和日本的国际债券规模占到样

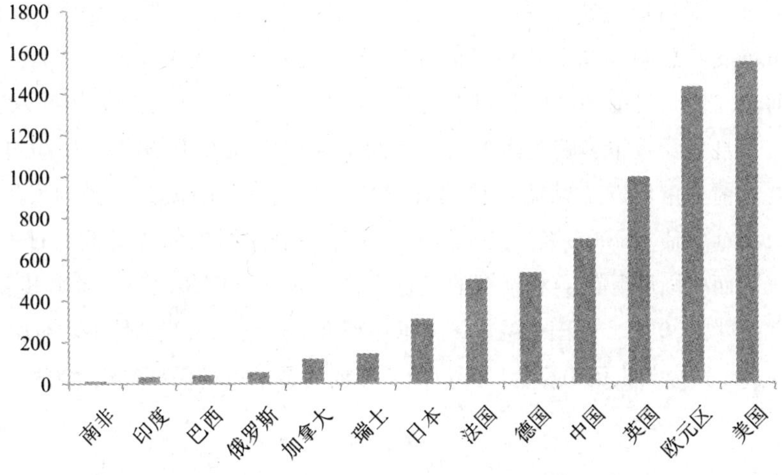

图 4-16　2012 年 4 月国际债券和票据的跨国比较（10 亿美元）

数据来源：BIS（Bank of International Settlements）.

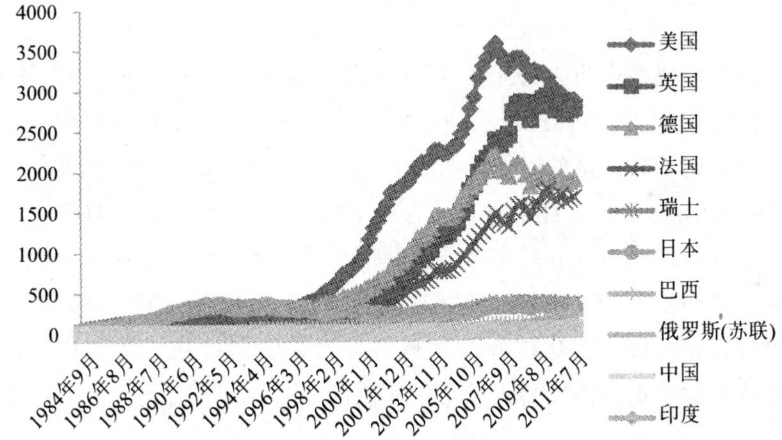

图 4-17　1984～2011 国际债券和票据发展的跨国比较（10 亿美元）

数据来源：BIS（Bank of International Settlements）.

本内所有国家总量的 80% 以上，而中国、印度、南非等“金砖国家”国际债券发行的规模相当有限。2012 年 12 月，中国、印度和南非发行国际债券占样本内比例仅为 2.4%，几乎可以忽略不计。

综上所述，通过对中国金融市场发展的分析可知，中国的金融体系是以银行为主导的金融结构，政府对银行资金的分配实施控制，银行资金来源主要是居民存款，而银行资金的使用者则主要是国有企业；中国的股票市场自

1991年建立后得以迅速发展。2005年股权分置改革后，股票市场资本化规模、股票市场交易总额以及股票市场收益等多项指标均仅次于美国，居样本内各国的前位。但是目前中国的股票市场存在对外国投资者实行严厉的准入管制、波动较大且易受政策影响等诸多问题；而中国国内债券市场在过去20年有极大发展，债券市场以金融债券和政府债券为主，但中国债券市场的发展起步较晚，非金融债券2005年仍然未起步。此外，中国国内债券远低于日本等发达国家，而中国国际债券和票据的发行规模与发达国家相比更是微乎其微。概括而言，过去30年，中国金融市场无论在深度、广度以及流动性上均有所发展。但这种进步迄今与人民币作为国际货币所需要的金融市场仍存在较大差距。

第三节　人民币币值稳定

人民币币值稳定与人民币汇率制度安排紧密相关。1948年12月1日，中国人民银行成立，同时发行人民币作为新中国的法定货币；1953～1972年是中国实施计划经济的时期，人民币通过严格的行政管制维持固定汇率。1979年，中国开始试水经济体制市场化改革，并推行人民币双轨制。1994年1月1日，人民币官方汇率与外汇调剂市场汇率并轨，人民币汇率制度初步形成以市场供求为基础的，有管理的浮动汇率制度。2005年7月21日，中央银行宣布人民币汇率放弃盯住单一美元，转向盯住一揽子货币，从而形成有管理的、更有弹性的人民币汇率制度。

一、人民币汇率走势

（一）1979～2011年人民币名义有效汇率（NEER）及实际有效汇率（REER）走势

1979～2009年人民币名义有效汇率及人民币实际有效汇率[①]的走势如图

① 人民币实际有效汇率是人民币名义有效汇率经中国及其贸易伙伴国的通货膨胀指数调整而得到。通货膨胀指数由居民消费物价指数（CPI）或生产者价格指数（PPI）代表。

4－18 所示。1979 年以来，人民币名义有效汇率和实际有效汇率的基本走势相同，即，1994 年以前大幅贬值、1994 年以后稳定升值的基本势态。具体来说，1994 年“汇率并轨”以前，人民币名义有效汇率和实际有效汇率保持大幅贬值的趋势。1994 年“人民币汇率并轨”以后，人民币名义有效汇率和实际有效汇率保持稳定升值的势态，波动幅度降低。

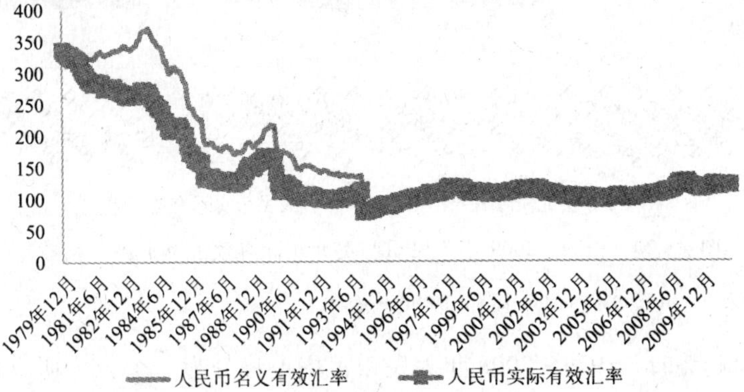

图 4－18　1979～2009 年人民币名义有效汇率走势（指数）

数据来源：BIS Bank of International Settlements.

（二）1979～2009 年人民币与美元名义有效汇率及实际有效汇率走势

1979～2009 年人民币与美元的名义汇率和实际汇率的相对走势如图 4－19 和图 4－20 所示。

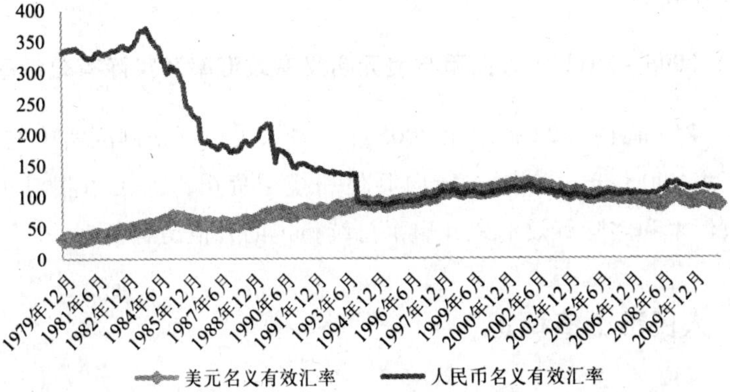

图 4－19　1979～2009 人民币与美元名义有效汇率走势（指数）

数据来源：BIS Bank of International Settlements.

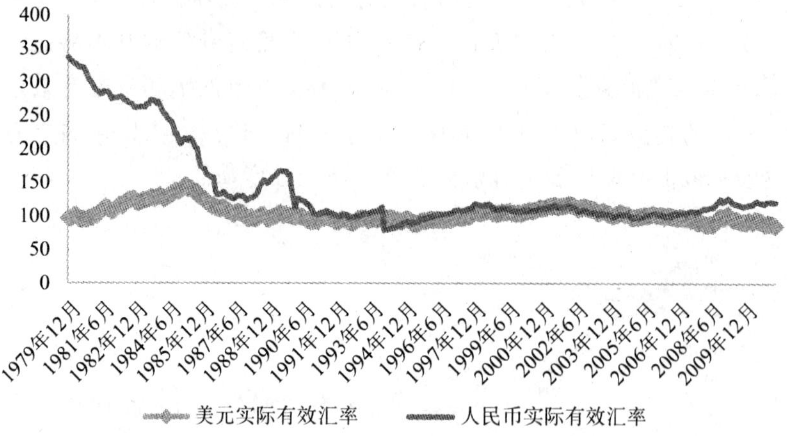

图 4－20　1979～2009 年人民币与美元实际有效汇率走势（指数）

数据来源：BIS（Bank of International Settlements）.

从总趋势看，1979～2009 年人民币汇率走势分为三个较为明显的阶段：第一阶段是 1994 年“人民币汇率并轨”以前，人民币相对于美元的名义有效汇率和实际有效汇率总趋势均为持续贬值；第二阶段是从 1994～2005 年期间，人民币汇率与美元汇率挂钩，人民币的名义有效汇率和实际有效汇率均与美元的名义有效汇率和实际有效汇率保持基本一致；第三阶段是 2005 年 7 月人民币汇率制度改革后，人民币与美元脱钩，从盯住美元转向盯住一揽子货币，人民币相对于美元的名义有效汇率和实际有效汇率保持持续稳定升值。

（三）2005～2011 年人民币与美元名义有效汇率及实际有效汇率走势

图 4－21 和图 4－22 揭示了 2005 年 7 月人民币汇率制度实施改革以后，人民币汇率从盯住单一美元，转向盯住一揽子货币，人民币相对于美元的名义有效汇率和实际有效汇率开启了持续稳定的升值历程。

二、人民币币值稳定

接下来我们考查 1975～2011 年美国、英国、法国、德国、瑞士和日本等主要储备货币发行国，以及中国、俄罗斯（苏联）、南非等“金砖国家”

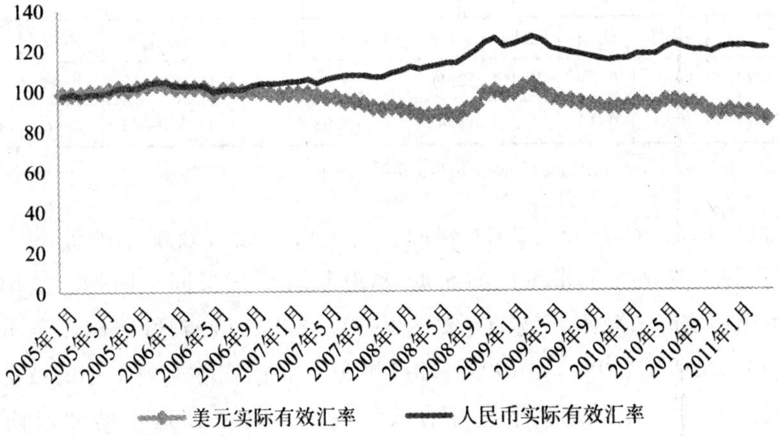

图 4－21　2005～2011 年人民币与美元名义有效汇率走势（指数）

数据来源：BIS（Bank of International Settlements）.

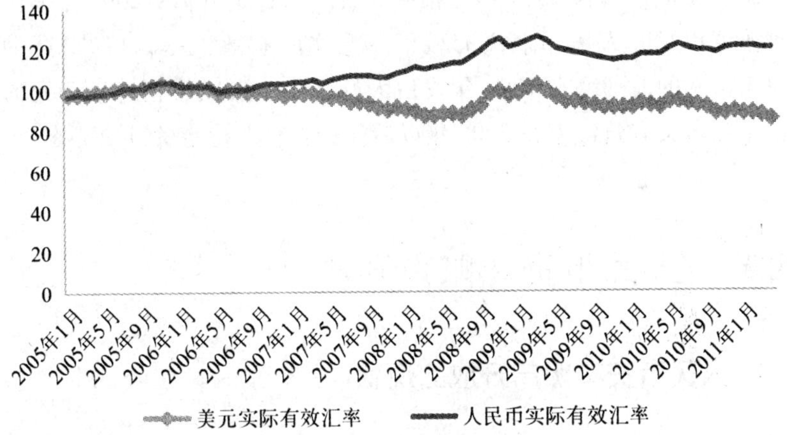

图 4－22　2005～2011 年人民币与美元实际有效汇率走势（指数）

数据来源：BIS（Bank of International Settlements）

实际有效汇率的波动率：首先从 WDI（World Development Indicators）选取 1975～2011 年各国货币实际有效汇率的年度数据；接着对各年度实际有效汇率取对数后求百分比变化率；最后分别计算各国货币在 1975～2011 年间和 1994～2011 年间实际有效汇率年度变化率的标准差（见表 4－7）。

表 4-7　实际有效汇率波动率的跨国比较

	中国	法国	德国	日本	俄罗斯（苏联）	南非	瑞士	英国	美国
1975～2011 年	13.37	0.39	0.26	2.59	5.44	4.10	0.47	0.84	1.98
1994～2011 年	0.57	0.16	0.29	1.44	5.08	1.45	0.33	0.96	0.64

数据来源：WDI（World Development Indicators），经作者计算。

可以看到，在 1975～2011 年间，人民币实际有效汇率的波动率高达 13.37，高于俄罗斯（苏联）的 5.44 和南非的 4.10。同一时期，法国、德国和英国的实际有效汇率波动率仅为 0.39、0.26、0.47 和 0.84，日本和美国分别为 2.59 和 1.98。在 1994～2011 年间，各国实际有效汇率的波动率均有不同程度的下降，人民币实际有效汇率的波动率在这一时间段内降至 0.57，低于样本内各国实际有效汇率波动率的平均值 1.21。

概括而言，人民币名义有效汇率和实际有效汇率在 1994 年“汇率并轨”以前大幅贬值，在 1994 年“汇率并轨”后稳定升值；2005 年人民币汇率制度改革以后，人民币名义有效汇率和实际有效汇率，持续稳定升值。而人民币汇率的波动率在 1994 年以后大幅下降。人民币相对于美元的实际有效汇率和名义有效汇率在 2005 年以后保持着长期稳定的升值势态。

第四节　人民币资本账户开放

一、人民币资本账户开放的现状

我们从中国人民银行、中国证监会、中国银监会、中国保监会以及中国国家外汇管理局等相关金融管理部门收集相关资料，对大人民币资本账户下的 7 个项目及其下 40 个子项目进行了全面归纳总结（见表 4-8）。在表 4-8 人民币资本账户的 40 个子项目中，完全可兑换的项目只有 2 项，不完全可兑换的子项目有 12 项，完全不可兑换的资项目高达 26 项。由此可见，在 40 个人民币资本账户的子项目中，完全不可兑换和不完全可兑换的子项目共计 38 项，可见，目前人民币资本账户实施着严厉的管制。

二、推进人民币资本账户开放的最新政策与法规

2008 年“全球金融危机”爆发后，为了应对全球金融危机给国内带来的冲击，中国政府确定了人民币国际化的宏观金融战略，并推出一系列推进人民币资本账户开放的政策法规（见表 4－8）。包括：RQFII（RMB Qualified Foreign Institutional Investors），即人民币合格境外投资者，试点机构投资股票、债券和银行间市场。至 2012 年底，国家外汇管理局累计批准 RQFII 机构的证券投资额度共 670 亿元人民币。近期又有 2000 亿元新增 RQFII 额度开闸审批；国际版正在讨论允许非居民在中国境内出售或发行股票；试点中资企业向海外子公司借款以及跨境人民币资金池向境外放款；允许国际开发机构发行熊猫债券；允许中资金融机构和企业赴中国香港发行债券；允许外资企业股东的关联公司借款；允许商业银行为境外项目贷款；允许外资企业向境外金融机构借款；允许银行内保外贷[①]；允许外资企业外保内贷[②]；允许非金融机构做境外直接投资；以及允许境外个人机构 PE/VC 进行对内直接投资等。

表 4－8　　人民币资本账户开放明细表

人民币资本账户	完全可兑换	不完全可兑换	完全不可兑换	推进人民币资本账户开放最新法规
一、资本与货币市场工具				
1. 资本市场证券交易				
A. 股票或其他具有交易性质的证券				
非居民境内购买		•		RQFII 试点机构投资股票
非居民境内出售或发行			•	国际版尚在讨论
居民境外购买			•	

① “内保外贷”是指进出口企业境内总公司提供担保，银行在境外给进出口外部企业解决贷款问题。在额度内，境内银行开具保函或备用信用证为境内进出口企业的境外公司提供融资担保，无须逐笔审批。

② “外保内贷”是境外公司向境外机构申请开具融资性的担保函，“外保内贷”目前仅限于外商投资企业。

续表

人民币资本账户	完全可兑换	不完全可兑换	完全不可兑换	推进人民币资本账户开放最新法规
居民境外出售或发行			•	
B. 债券或其他债务性证券				
非居民境内购买		•		RQFII 试点机构投资债券
非居民境内出售或发行		•		国际开发机构发行熊猫债券
居民境外购买			•	
居民境外出售或发行		•		国内金融机构和企业赴港发债
2. 货币市场工具				
非居民境内购买		•		RQFII 试点机构投资银行间市场
非居民境内出售或发行			•	
居民境外购买			•	
居民境外出售或发行			•	
3. 共同投资证券				
非居民境内购买			•	
非居民境内出售或发行			•	
居民境外购买			•	
居民境外出售或发行			•	
二、衍生工具与其他工具				
非居民境内购买			•	
非居民境内出售或发行			•	
居民境外购买			•	
居民境外出售或发行			•	
三、信贷业务				
1. 商业信贷				
居民向非居民提供		•		中资企业向海外子公司借款以及跨境人民币 资金池境外放款试点
非居民向居民提供		•		外资企业股东关联公司借款
2. 金融信贷				
居民向非居民提供		•		银行可为境外项目贷款

续表

人民币资本账户	完全可兑换	不完全可兑换	完全不可兑换	推进人民币资本账户开放最新法规
非居民向居民提供		●		外资企业可向境外金融机构借款
3. 担保、保证和备用融资便利				
居民向非居民提供		●		内保外贷仅限于银行
非居民向居民提供		●		外保内贷仅限于外资企业
四、直接投资				
1. 对外直接投资		●		非金融机构可做境外直接投资
2. 对内直接投资	●			境外个人机构 PE/VC 均可进行对内直接投资
五、直接投资清算	●			
六、不动产交易				
居民境外购买			●	
非居民境内购买			●	
非居民境内出售			●	
七、个人资本流动				
1. 贷款				
居民向非居民提供			●	
非居民向居民提供			●	
2. 礼品、捐赠、遗赠和遗产				
居民向非居民提供			●	
非居民向居民提供			●	
3. 外国移民境外债务结算			●	
4. 资产转移				
国内移民向国外转移			●	
国外移民向国内转移			●	
5. 博彩和奖励收入的转移			●	

资料来源：人民银行、证监会、银监会、保监会以及国家外汇管理局相关资料，经作者整理。

从上面分析可以看到，中国政府推进人民币资本账户开放的态度相当谨慎，这是因为资本账户开放将涉及金融活动的各个方面，其实质是国内金融体系的根本性调整，最后会渗透至经济和社会生活的各个层面。从国家战略的层面来看，人民币资本账户开放除了考虑人民币国际化的需要，还将从主权安全、经济发展和国计民生等多视角来统一权衡。从国际经验来看，一个国家如果完全开放其资本账户，几乎无法防止资本外逃与“热钱”流入。即便发达国家，开放资本账户也是在20世纪80年代后才开始普遍流行。

三、人民币资本账户开放程度的测度

加拿大 The Fraser Institution 研究所是专门致力于对全球各个国家与地区的经济自由化程度及其变化作出综合评价的独立研究机构。其总评分第4项目的E项评分由两个指数综合算出：其一是考察本国或本地区居民进入外国资本市场，以及外国居民进入本国或本地区市场的难易程度的分指数；其二是测度本国或本地区居民与外国居民通过资本市场自由交易所受限制的程度。E项满分为10分，一个国家或地区所获评分越高，表示资本市场开放程度越高。

表4－9　1985～2009年资本账户开放评分的跨国比较

年份	1985	1990	1995	2000	2001	2002	2003	2004	2005	2006	2007	2008	2009
巴西	0	0	3.6	4.2	4.2	5.9	5.6	5.5	6.2	5.5	5.2	4.8	4.5
中国	2	5	4.9	2.7	2.7	3.3	3.4	3.5	3.7	3.2	3.2	2.3	2.4
法国	2	5	6.8	8.0	7.6	8.1	7.9	7.9	6.6	6.7	6.7	6.6	6.6
德国	10	10	9.6	9.5	9.5	8.6	8.7	7.5	6.0	6.1	5.7	5.7	5.6
印度	0	0	2.3	2	2	3.6	3.6	3.7	3.7	3.6	3.5	3.1	2.9
日本	5	8	7.7	8.4	8.4	6.6	7.4	7.3	7.4	5.1	5	4.9	4.9
俄罗斯（苏联）	0	0	3.5	2.9	3.2	3.4	4	4.1	4	3.9	3.8	3.7	4.6
南非	2	2	4	4.1	4.1	4.1	4.3	4.2	3.9	3.8	3.9	3.3	3.3
瑞士	10	10	9.6	9.1	9.1	7.9	8.1	8.1	5.9	5.9	5.9	6	5.9
英国	10	10	9.4	9.1	9.1	8.6	8.7	8.6	8.5	8.5	8.3	8	8.2
美国	8	8	8.4	8.2	8.2	7.5	7.5	7.5	6.7	6.7	6.8	6.4	5.1

资料来源：www.fraserinstitute.org，经作者整理。

表4－9是1985～2009年资本账户开放评分的跨国比较，可以看到，目前全球没有一个国家的资本市场完全开放，各国都存在不同程度的资本管制，但中国资本账户管制程度最严厉，甚至超过印度与南非，与美国、英国等发达国家不可相提并论。

概括而言，一方面人民币资本账户目前相当严厉的管制，人民币资本账户40个子项目共有38个存在不同程度的管制；另一方面政府推进人民币资本账户开放的态度仍然极其谨慎。可见，人民币资本账户开放与人民币国际化的要求相差甚远，是人民币国际化推进过程中最为关键的难点。

第五节 人民币“网络外部性”

人民币的“网络外部性”指人民币在中国大陆以外的国家和地区发挥国际货币的职能。从人民币的价值储藏功能来看，目前已有马来西亚、韩国、柬埔寨、菲律宾等国的中央银行及货币行政当局将人民币作为外汇储备；私人部门的价值储藏功能则表现为人民币在东南亚国家和地区（包括缅甸、老挝、越南、泰国等国）、西北邻国及地区（包括俄罗斯地区、巴基斯坦，以及哈萨克斯坦等国）、东北邻国（包括朝鲜、蒙古等国），以及中国香港均不同程度地取代本币的流通。

从人民币的交易媒介职能来看，目前中国政府已与韩国、中国香港、马来西亚、白俄罗斯、印度尼西亚、阿根廷、冰岛、新加坡、新西兰、乌兹别克斯坦、蒙古、哈萨克斯坦、泰国、巴基斯坦、阿拉伯联合酋长国、土耳其、澳大利亚、乌克兰、巴西等国（地区）的中央银行签订了双边货币互换协议；私人部门的交易媒介职能则表现为人民币作为边境和跨境贸易结算货币覆盖新加坡、泰国、文莱、越南、印度尼西亚、马来西亚、菲律宾、缅甸、老挝、柬埔寨等国，以及中国香港、中国澳门；私人部门的交易媒介职能还表现在中国香港人民币存款和贷款、人民币国债与商业银行和政策性银行发行的银行债权以及人民币股票的发行。

从人民币的计价货币职能来看，人民币目前已经被印度、印度尼西亚等国纳入本国货币篮子。2010年，IMF考虑将人民币纳入特别提款权

（SDR）货币篮子，但因人民币自由兑换程度没有达到IMF的标准而未被纳入；私人部门的计价货币职能则表现在人民币在中国与周边邻国的边境贸易、跨境贸易以及中国香港的人民币资产中被用于计价货币。

一、人民币充当跨境贸易和直接投资的结算货币

2008年全球金融危机爆发后，国务院于2008年12月决定对长三角地区、广东和港澳地区以及东盟地区、广西和云南跨境货物贸易实行人民币结算试点。2009年4月，跨境贸易结算试点推广至上海、深圳、广州、珠海和东莞等5个城市。同年7月，人民银行、财政部、国家税务总局、商务部、海关总署以及银监会等国家部委联合发布了《跨境贸易人民币结算试点管理办法》，允许涵盖我国20个省市区的首批365家企业试点人民币跨境贸易结算，试点的业务范围从货物贸易进一步扩大到服务贸易和其他经常账户下的人民币结算。

跨境贸易人民币结算试点后，人民币作为国际贸易结算货币的规模迅速扩大：2009年6～12月，人民币跨境贸易结算总额为35.85亿元人民币；2012年1～8月人民币跨境贸易结算总额共计是17670亿元人民币（见表4－10）。

表4－10　　人民币跨境贸易结算

时间	人民币跨境贸易结算（亿元人民币）
2009年6～12月	35.85
2010年1～3月	183.5
2010年4～6月	486.6
2010年7～9月	1 264.8
2010年6～11月	1 970.8
2011年全年	20 800
2012年1月	1 284
2012年2月	1 907
2012年3月	2 613
2012年4月	1 962
2012年5月	2 160
2012年6月	2 593
2012年7月	2 441
2012年8月	2 710

资料来源：中国人民银行网站，经作者整理。

人民币还作为直接投资的结算货币。根据人民银行的资料，2011 年全年直接投资人民币结算的规模为 1109 亿元人民币；2012 年 1～8 月直接投资人民币结算总额已经达到 1471 亿元人民币（见表 4－11）。

表 4－11　人民币跨境贸易与直接投资结算（亿元人民币）

时间	对外直接投资	外商直接投资	直接投资人民币结算
2011 年全年	201.5	907.2	1109
2012 年 1 月	17	135	152
2012 年 2 月	4	116	120
2012 年 3 月	8	219	227
2012 年 4 月	93	124	217
2012 年 5 月	30	160	190
2012 年 6 月	35	164	199
2012 年 7 月	12	142	154
2012 年 8 月	12	200	212
2012 年 1～8 月	211	1260	1471

资料来源：中国人民银行网站资料，经作者整理。

二、人民币充当国际金融交易的计价货币

人民币国际化的步伐与人民币在国际金融交易中的接受程度也是息息相关，因为人民币在国际贸易中能否充当计价和结算货币，还受到其在国际金融交易中被使用程度的影响。随着中国在国际金融领域扮演更为重要的角色，越来越多的国际金融交易不需要通过美元和其他储备货币作为媒介货币（Vehicle Currency），而是直接用人民币计价和结算。

外汇市场周转率（FX Market Turnover）是测度一种货币发展成为国际媒介货币潜能的指标。主要储备货币及“金砖国家”货币在全球外汇市场的周转率见表 4－12，可以看到，1998～2012 年，美元的全球外汇市场周转率处于绝对主导地位，全球占比超过 85%。根据 2012 年 4 月的数据，美元、欧元、日元和瑞士法郎等主要储备货币在全球外汇市场的交易占总量约为 156%；而“金砖国家”的货币，包括印度卢比、俄罗斯卢布、人民币、南非兰特和巴西里拉在全球外汇市场交易的加总仅为 4.1%。

表 4-12　　全球外汇市场周转率的货币分布（%）

	1998年	2001年	2004年	2007年	2010年
美元	86.8	89.9	88.0	85.6	84.9
欧元	NA	37.9	37.4	37.0	39.1
日元	21.7	23.5	20.8	17.2	19.0
英镑	11.0	13.0	16.5	14.9	12.9
瑞士法郎	7.1	6.0	6.0	6.8	6.4
印度卢比	0.1	0.2	0.3	0.7	0.9
俄罗斯卢布	0.3	0.3	0.6	0.7	0.9
人民币	0.0	0.0	0.1	0.5	0.9
南非兰特	0.4	0.9	0.7	0.9	0.7
巴西里拉	0.2	0.5	0.3	0.4	0.7

数据来源：BIS Bank of International Settlements, Triennial Survey.

注：全部货币周转率的总和为200%，因为每笔交易都涉及两种不同的货币。

从1998~2010年人民币在全球外汇市场的增长轨迹可以看到，2001年人民币在全球外汇市场周转率为零，到2011年这一比例上升至0.9%（见图4-23），但与美元的84.9%相比真是天壤之别。

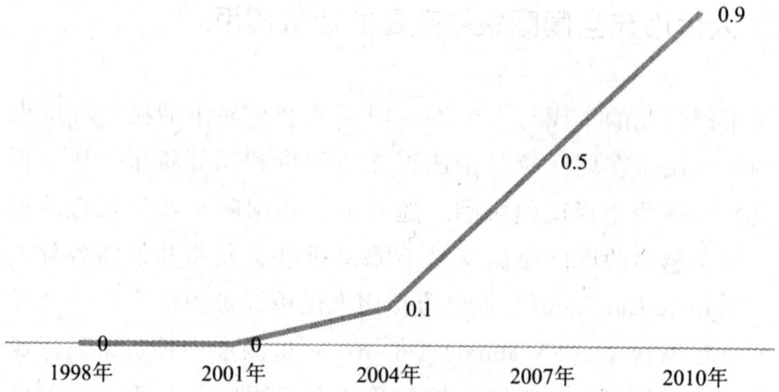

图4-23　1998~2010年人民币在全球外汇市场的周转率（%）

数据来源：BIS Bank of International Settlements, Triennial Survey.

注：每笔交易都涉及两种不同货币，全部货币周转率总和为200%。

主要储备货币以及“金砖国家”货币的外汇合约工具分布情况如表4-13所示。表4-13描述了2010年4月全球外汇市场上主要储备货币以及

“金砖国家”货币在全球外汇市场的即期（Spot）合约、远期（Outright Forwards）合约、外汇掉期（Foreign Exchange Swap）合约、货币掉期（Currency Swap）合约，以及期货（Option）合约的日均交易量。

表 4 - 13　　2010 年 4 月全球外汇市场货币及工具的分布（日均值交易，10 亿美元）

	即期	远期	外汇掉期	货币掉期	期货	全部外汇合约
美元	1188	392	1600	38	160	3378
欧元	691	150	610	18	87	1555
日元	300	115	279	7	55	755
英镑	213	55	222	3	20	513
瑞士法郎	92	19	127	2	13	253
印度卢比	14	14	7	0	4	38
俄罗斯卢布	18	2	14	0	1	36
人民币	8	14	7	0	5	34
南非兰特	9	3	16	0	1	29
巴西里拉	9	13	1	0	5	27

数据来源：BIS Bank of International Settlements, Triennial Survey.

表 4 - 13 显示，2010 年 4 月样本内各国货币在全球外汇市场五种主要外汇合约的交易总量为 66180 亿美元，人民币交易量的全球占比约 0.5%，为 340 亿美元。人民币外汇合约的全球占比不仅远低于发达国家，也低于其他“金砖国家”。在人民币的全部外汇合约中，即期外汇合约为 80 亿美元，约占 2.4%；远期外汇合约为 140 亿美元，约占 41%；外汇掉期为 70 亿美元，约占 2%；期货约占 1.5%；货币掉期合约为零。

三、人民币充当政府间的互换货币

2008 年全球金融危机后，为了给进出口企业提供贸易融资支持，推动双边贸易及直接投资，我国中央银行陆续与周边国家以及欧洲、拉美国家的货币行政当局签订了双边本币互换协议（见表 4 - 14）。在金融危机日益蔓延时期，双边本币互换协议可以稳定地区货币制度、减少金融风险和危机的扩散，同时也将人民币国际化的“版图”从亚洲扩张到东欧、拉美等国家与地区。

表 4-14　　人民币双边货币互换（10 亿元人民币）

银行	时间	价值（10 亿元人民币）
韩国银行	2008 年 12 月 12 日	180
	2011 年 10 月 26 日	360
香港金融管理局	2009 年 1 月 20 日	200
	2011 年 11 月 22 日	400
马来西亚国家银行	2009 年 2 月 8 日	80
	2012 年 2 月 8 日	180
白俄罗斯共和国国名银行	2009 年 3 月 11 日	20
印度尼西亚银行	2009 年 3 月 23 日	100
阿根廷中央银行	2009 年 4 月 2 日	70
冰岛中央银行	2010 年 6 月 9 日	3.5
新加坡金融管理局	2010 年 7 月 23 日	150
新西兰储备银行	2011 年 4 月 18 日	25
乌兹别克斯坦中央银行	2011 年 4 月 19 日	0.7
蒙古中央银行	2011 年 4 月 19 日	5
	2012 年 3 月 20 日	10
哈萨克斯坦国民银行	2011 年 6 月 13 日	7
泰国银行	2011 年 12 月 22 日	70
巴基斯坦国家银行	2011 年 12 月 23 日	10
阿拉伯联合酋长国中央银行	2012 年 1 月 17 日	35
土耳其中央银行	2012 年 2 月 21 日	10
澳大利亚储备银行	2012 年 3 月 22 日	200
乌克兰国家银行	2012 年 6 月 26 日	15
巴西中央银行	2013 年 3 月 26 日	190

资料来源：中国人民银行网站，经作者整理。

由此可见，人民币已经开始在中国大陆以外的国家与地区执行价值储藏、交易媒介和计价货币的职能。具体地说，人民币已经开始充当跨境贸易和直接投资的结算货币、国际金融交易的计价货币和政府间的互换货币。人民币“网络外部性”已从亚洲地区的周边国家延伸到东欧和拉美的国家与地区。尽管人民币的“版图”扩张处于起步阶段，人民币“网络外部性”也十分微小和脆弱，但其发展已显现出锐不可当的势头。

第六节 人民币国际化条件的基本结论

本章根据第二章货币国际化历史经验的总结，即经济实力、金融市场发展、币值稳定、资本账户开放和“网络外部性”是货币国际化的基本条件，对人民币国际化的相应条件实施实证解读，得出以下几条结论：

一、中国经济与贸易规模

2012 年中国经济规模全球排名第 2，进出口贸易规模全球排名第 1。可见，中国“经济航母”已在世界经济中扮演着举足轻重的角色。

二、中国金融市场

1. 中国的金融体系是以银行为主导的金融结构，政府对银行资金的分配实施控制，银行资金来源主要是居民存款，银行资金的使用者则主要是国有企业。

2. 中国的股票市场自 1991 年建立后得以迅速发展。2005 年股权分置改革后，股票市场资本化规模、股票市场交易总额以及股票市场收益等多项指标均仅次于美国，居样本内各国的前位。但目前中国股票市场存在对外国投资者实行严厉准入管制、波动较大且易受政策影响等诸多问题。

3. 中国国内债券市场发展起步晚，国内债券市场以金融债券和政府债券为主，且规模远低于日本等发达国家；中国国际债券和票据的发行规模与发达国家相比更是微乎其微。

概括而言，过去 30 年，中国金融市场无论在深度、广度以及流动性上均有所发展，但仍远远滞后于人民币作为国际货币所需金融市场的要求。

三、人民币汇率稳定

人民币名义有效汇率和实际有效汇率在1994年“汇率并轨”以前大幅贬值，在1994年“汇率并轨”后稳定升值；2005年人民币汇率制度改革以后，人民币名义有效汇率和实际有效汇率持续稳定升值。而人民币汇率的波动率在1994年以后大幅下降。人民币相对于美元的实际有效汇率和名义有效汇率在2005年以后保持着长期稳定的升值势态。

四、人民币资本账户开放

人民币资本账户目前受到相当严厉的管制，人民币资本账户40个子项目共有38个存在不同程度的管制。政府推进人民币资本账户开放的态度极其谨慎。可见，目前人民币资本账户开放与人民币国际化的要求相差甚远，是人民币国际化推进过程中最为关键的难点。

五、人民币“网络外部性”

人民币已经开始充当跨境贸易和直接投资的结算货币、国际金融交易的计价货币和政府间的互换货币，且发展势头锐不可当。由于中国庞大的经济与贸易规模，人民币的“网络外部性”已从亚洲的周边国家扩张到东欧、拉美的国家与地区。但由于处于起步阶段，人民币的“网络外部性”仍然十分微小和脆弱。

借鉴本书第三章对全球8种主要储备货币历史的实证分析结果，可以得出人民币国际化条件的基本结论：基于中国经济规模全球第2、贸易规模世界第1及其为人民币“网络外部性”创造的巨大空间，以及人民币汇率近20年持续稳定升值的事实，本书认为人民币国际化已经具备基本条件。人民币资本账户开放的现状与人民币国际化要求相差甚远，是人民币国际化推进进程中最棘手的难点之一。[①]

---

① 中国金融市场发展也滞后于人民币国际化的要求，但因其不是货币国际化的显著变量，因此不作讨论。

第五章

人民币国际化潜能的仿真

本章利用本书第三章的回归模型Ⅰ、Ⅱ、Ⅲ所获参数，将中国相应的宏观经济与金融数据代入对应模型，并在2011～2025年全球宏观经济金融环境的基本假设以及中国主要显著变量乐观情景假设A_1、中性情景A_2和悲观情景假设A_3下，对2025年前各年人民币国际化的潜能实施“虚拟事实仿真”（Counter-factual Simulation）。结果揭示：在乐观情景假设A_1下用模型Ⅰ，即仿真（Ⅰ，A_1），对人民币国际化潜能实施仿真，得到2025年人民币作为全球中央银行储备货币比例的最高仿真值为26.41%，这一比例接近2009年欧元占全球中央银行体系外汇储备比的最高点27.56%；模型Ⅱ对2025年人民币国际化潜能的仿真值为12.69%～9.71%，亦超过日元1991年的最高点8.4%；模型Ⅲ的仿真序列前期增速缓慢，增至一定水平后加速上升，表现出“临界点现象”的特点，其仿真结果为4.48%～2.97%，也相当或超过2010年日元3.8%和英镑4%的潜能。概括而言，人民币在未来15年具有超过日元历史最高水平，成为继美元和欧元之后全球第三大国际货币的潜能，并有可能叫板欧元。

第一节　数据选择与样本说明

本章样本变量的选取与含义、所用数据来源、数据时间跨度、数据时间频率与第三章的样本数据完全相同。唯一不同的是本章所用数据全部是中国数据。变量的具体描述如下，

一、中国经济与贸易规模

本章用中国 GDP 全球占比、进口总量和出口总量来测度一国经济与贸易规模，各变量及其定义如下：中国 GDP 全球占比——中国 GDP 总量占全球 GDP 总量的百分比；中国进口规模——用当前美元价值（Current US $）表示的进口总量；中国出口规模——用当前美元价值（Current US $）表示出口总量。

二、中国金融市场发展

本章用股票市场资本化率和政府债券来刻画金融市场发展与资本账户开放的情况，各变量及其定义如下：中国股票市场资本化率，是测度中国股票市场规模的指针，表示为中国上市公司的总市值；中国政府债券是指中国政府在国内外发行的债券总值。

三、人民币币值稳定

本章用人民币真实利率、中国通货膨胀、人民币汇率波动率，以及人民币汇率升值等变量刻画储备货币币值的稳定。各变量及其定义如下：人民币真实利率——指名义利率与通货膨胀的差值；人民币汇率波动率——人民币相对于 SDR 月度汇率取对数后差值的 5 年平均标准偏差；人民币汇率升值——人民币相对于 SDR 月度汇率 5 年平均值的变化幅度。

四、人民币资本账户开放

本章用以及资本账户开放指数（$KAOPEN_t$）来刻画人民币资本账户开放的情况。2010 年最新中国资本账户开放指数是 0. 160967。

五、人民币“网络外部性”

用人民币占全球中央银行系统外汇储备比例估计值一阶滞后项捕捉这种特性。

第二节 实证模型

一、基本假设

为了对 2011 ~ 2025 年人民币作为储备货币的潜能实施“虚拟事实仿真”，本章首先对 2011 ~ 2025 年的国际货币与经济环境以及人民币资本账户开放做如下基本假设：

1. 2011 ~ 2025 年国际经济环境和货币稳定程度不变；
2. 2011 ~ 2025 年全球 GDP 每年平均增长 3%；
3. 2011 ~ 2025 年人民币资本账户逐步开放，2025 年开放至日元和英镑目前的程度，即 kaop = 1。

二、情景假设

为了对人民币的潜能实施仿真，还需要对 2011 ~ 2025 年中国经济增长与人民币汇率走势等显著变量设置乐观情景假设、中性情景假设和悲观情景假设，具体描述如下：

（一）乐观情景假设 A_1（Optimistic Scenario A_1）

1. 2011～2015 年中国 GDP 每年平均增长 8.5%，2016～2025 年每年平均增长 7.5%；

2. 2011～2015 年人民币汇率每年平均升值 3%，2016～2025 年人民币汇率每年平均升值 1%。

（二）中性情景假设 A_2（Neutral Scenario A_2）

1. 2011～2015 年中国 GDP 每年平均增长 7.5%，2016～2025 年每年平均增长 6%；

2. 2011～2015 年人民币汇率每年平均升值 3%，2016～2025 年人民币汇率不变。

（三）悲观情景假设 A_3（Pessimistic Scenario A_3）

1. 2011～2015 年中国 GDP 每年平均增长 7%，2016～2025 年每年平均增长 5%；

2. 2011～2015 年人民币汇率每年平均升值 1%，2016～2025 年不变。

三、仿真模型

利用模型Ⅰ、Ⅱ、Ⅲ的参数估计值 $\hat{\alpha}$、$\hat{\beta}$、P、$\hat{\gamma}$ 对 2011～2025 年人民币国际化的潜能实施“虚拟事实仿真”的方法如下：①首先对主要显著变量在中国 2011－2025 年的走势设置一系列情景假设 A；[①] ②接着在给定情景假设 A 下，以各变量 2010 年的数据 X_0（$t=0$，对应 2010 年）为基点，逐年迭代计算 2011～2025 年全国各年对应的 X_t^A（$t=1, \cdots, 15$，逐一对应 2011～2025 各年）；③最后将 X_t^A 以及参数估计值 $\hat{\alpha}$、$\hat{\beta}$、$\hat{\lambda}$、$\hat{\gamma}$ 分别代入相应模型Ⅰ～Ⅲ，即可得到 2011～2025 各年人民币作为储备货币在占全球中央银行比例的仿真序列。

① 本文情景假设包括乐观情景假设 A_1、中性情景假设 A_2 和悲观情景假设 A_3。

（一）仿真（Ⅰ，A）

用模型Ⅰ在情景假设A下对人民币国际化潜能仿真的数学表达式如下：

$$Y_t^{(\hat{1},A)} = \hat{\alpha}^1 + \hat{\beta}^1 X_t^A \qquad \text{仿真（Ⅰ，A）}$$

其中，1——模型Ⅰ；

A——给定的情景假设；

$\hat{\alpha}^1$和$\hat{\beta}^1$——模型Ⅰ所获的参数估计值；

$Y_t^{(\hat{1},A)}$——基于模型Ⅰ，在情景假设A下人民币作为储备货币在全球中央银行比例2011～2025各年的仿真序列，t＝1，…，15，逐一对应2011～2025各年。

（二）仿真（Ⅱ，A）

用模型Ⅱ在情景假设A下对人民币国际化潜能仿真的数学表达式如下：

$$Y_t^{(\hat{2},A)} = \hat{\alpha}^2 + \hat{\beta}^2 X_t^A + \hat{\lambda} Y_{(t-1)}^{(\hat{2},A)} \qquad \text{仿真（Ⅱ，A）}$$

其中，2——模型Ⅱ；

A——给定的情景假设；

$\hat{\alpha}^2$、$\hat{\beta}^2$和$\hat{\lambda}$——模型Ⅱ的参数估计值；

$Y_t^{(\hat{2},A)}$——基于模型Ⅱ，在情景假设A下人民币国际化潜能2011～2025年的仿真序列，t＝1，…，15，逐一对应2011～2025各年。

（三）仿真（Ⅲ，A）

用模型Ⅲ在情景假设A下对人民币国际化潜能仿真的数学表达式如下：

$$\ell Y_t^{(\hat{3},A)} = \hat{\alpha}^3 + \hat{\beta}^3 X_t^A + \hat{\gamma} \ell Y_{(t-1)}^{(\hat{3},A)} \qquad \text{仿真（Ⅲ，A）}$$

其中，3——模型Ⅲ；

A——给定的情景假设；

$\hat{\alpha}^3$、$\hat{\beta}^3$和$\hat{\gamma}$——模型Ⅲ的参数估计值；

$Y_t^{(\hat{3},A)}$——基于模型Ⅲ，在情景假设A下人民币作为储备货币在全球中央银行比例2011～2025各年的仿真序列，t＝1，…，15，逐一对应2011～2025各年。

第三节　不同模型对人民币国际化潜能的仿真结果

利用模型Ⅰ、模型Ⅱ和模型Ⅲ分别在乐观情景假设 A_1、中性情景假设 A_2 和悲观情景假设 A_3 下，对 2011 ~ 2025 年人民币在全球中央银行外汇储备所占比例实施“虚拟事实仿真”所获结果的时间序列见表 5 - 1。

从表 5 - 1 可以看到，在同一情景假设 A 下，仿真模型Ⅰ、模型Ⅱ和模型Ⅲ对人民币国际化潜能的仿真结果有所不同：由于目前人民币“网络外部性”极其微弱，模型Ⅰ只考虑国内经济与金融环境而未将人民币“网络外部性”纳入模型，因而仿真值较高；模型Ⅱ由于纳入了人民币“网络外部性”变量，仿真值因此降低；而模型Ⅲ由于加入了“临界点现象”变量，仿真值较之模型Ⅱ进一步下降。

表 5 - 1　　人民币国际化潜能 2011 ~ 2025 年仿真的时间序列

年份	模型Ⅰ			模型Ⅱ			模型Ⅲ		
	情景 A_3	情景 A_1	情景 A_2	情景 A_3	情景 A_1	情景 A_2	情景 A_3	情景 A_1	情景 A_2
2011	7.18%	7.01%	6.92%	0.63%	0.62%	0.61%	0.02%	0.02%	0.02%
2012	8.36%	8.00%	7.82%	1.29%	1.25%	1.24%	0.03%	0.04%	0.04%
2013	9.60%	9.02%	8.74%	1.97%	1.91%	1.88%	0.07%	0.07%	0.07%
2014	10.89%	10.09%	9.70%	2.70%	2.59%	2.53%	0.12%	0.12%	0.11%
2015	12.25%	11.19%	10.68%	3.46%	3.29%	3.21%	0.20%	0.19%	0.19%
2016	13.44%	12.12%	11.28%	4.24%	4.01%	3.87%	0.31%	0.29%	0.29%
2017	14.67%	13.08%	11.89%	5.05%	4.73%	4.53%	0.46%	0.44%	0.42%
2018	15.96%	14.06%	12.51%	5.89%	5.47%	5.19%	0.67%	0.62%	0.60%
2019	17.29%	15.07%	13.12%	6.76%	6.22%	5.84%	0.93%	0.86%	0.81%
2020	18.67%	16.11%	13.75%	7.66%	6.99%	6.49%	1.27%	1.15%	1.07%
2021	20.10%	17.18%	14.39%	8.59%	7.78%	7.13%	1.71%	1.51%	1.37%
2022	21.59%	18.27%	15.04%	9.56%	8.59%	7.78%	2.22%	1.93%	1.71%
2023	23.13%	19.41%	15.70%	10.56%	9.42%	8.42%	2.84%	2.42%	2.09%
2024	24.74%	20.56%	16.36%	11.61%	10.26%	9.06%	3.59%	2.98%	2.51%
2025	26.41%	21.76%	17.04%	12.69%	11.13%	9.71%	4.48%	3.62%	2.97%

数据来源：作者计算。

而同一模型在不同情景假设下对人民币国际化潜能的仿真结果也不同：由于乐观情景假设对显著变量的设置会使得仿真值较之悲观情景假设增幅大，中性情景假设的增幅则居中。因此，对于同一模型而言，乐观情景假设的仿真值高于中性情景假设，中性情景假设的仿真值又高于悲观情景假设。

一、模型Ⅰ的仿真结果

模型Ⅰ在乐观情景假设 A_1、中性情景假设 A_2 和悲观情景假设 A_3 下对2025年人民币在全球中央银行外汇储备所占比例的仿真分别为26.41%、21.76%和17.04%（见表5-2）。可以看到，最乐观的结果26.41%已接近欧元在2009年占全球中央银行外汇储备体系比例的最高点27.56%，表明人民币作为国际储备货币的地位在未来15年内有可能叫板欧元。

表5-2　模型Ⅰ对2025年人民币国际化潜能的仿真结果

时间	模型Ⅰ		
	情景 A_3	情景 A_1	情景 A_2
2025年	26.41%	21.76%	17.04%

数据来源：作者计算。

图5-1是模型Ⅰ分别在乐观情景假设 A_1、中性情景假设 A_2 和悲观情景假设 A_3 下对2011~2025年人民币在全球中央银行外汇储备所占比例的仿真序列。可以看到，在乐观情景假设 A_1 下对人民币国际化潜能的估计值最高，其次是中性情景假设，最低是在悲观情景假设下的仿真值。

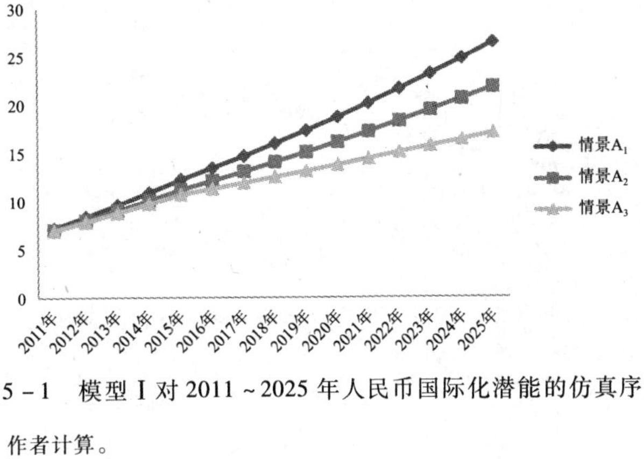

图5-1　模型Ⅰ对2011~2025年人民币国际化潜能的仿真序列

数据来源：作者计算。

二、模型Ⅱ的仿真结果

模型Ⅱ在乐观情景假设 A_1、中性情景假设 A_2 和悲观情景假设 A_3 下对2025年人民币在全球中央银行外汇储备所占比例的仿真分别为12.69%、11.13%和9.71%（见表5－3）。

表5－3　模型Ⅱ对2025年人民币国际化潜能的仿真结果

时间	模型Ⅱ		
	情景 A_3	情景 A_1	情景 A_2
2025年	12.69%	11.13%	9.71%

数据来源：作者计算。

图5－2是模型Ⅱ分别在乐观情景假设 A_1、中性情景假设 A_2 和悲观情景假设 A_3 下对2011～2025年人民币在全球中央银行外汇储备所占比例的仿真序列。可以看到，在乐观情景假设 A_1 下对人民币国际化潜能的估计值最高，其次是中性情景假设，最低是在悲观情景假设下的仿真值。

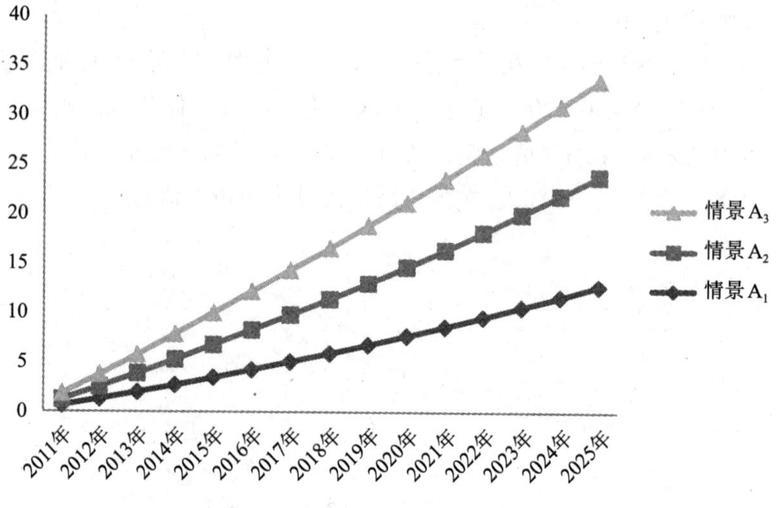

图5－2　模型Ⅱ对2011～2025年人民币国际化潜能的仿真序列

数据来源：作者计算。

三、模型Ⅲ的仿真结果

模型Ⅲ在乐观情景假设 A_1、中性情景假设 A_2和悲观情景假设 A_3下对2025年人民币在全球中央银行外汇储备所占比例的仿真分别为4.48%、3.62%和2.97%（见表5-4）。可知，即便最悲观的仿真值2.97%也达到了英镑在2000年左右的水平。其中4.48%还超过了英镑目前的水平3.97%，表明人民币作为国际储备货币的地位在未来15年内可以达到或超过英镑目前的水平。

表5-4　　模型Ⅲ对2025年人民币国际化潜能的仿真结果

时间	模型Ⅰ		
	情景 A_3	情景 A_1	情景 A_2
2025年	4.48%	3.62%	2.97%

数据来源：作者计算。

图5-3是模型Ⅲ分别在乐观情景假设 A_1、中性情景假设 A_2和悲观情景假设 A_3下对2011~2025年人民币在全球中央银行外汇储备所占比例的仿真序列。同理可见，模型Ⅲ在乐观情景假设 A_1下对人民币国际化潜能的仿真值最高，其次是中性情景假设，最低是在悲观情景假设下的仿真值。

图5-3非常准确地刻画出人民币国际化进程的“临界点现象”，即在人民币国际化初期，人民币国际地位的提高非常缓慢。只有当其超越某一“临界点”后，人民币国际化进程才会加速发展。

第四节　不同情景假设下对人民币国际化潜能的仿真结果

接下来分析在同一情景假设A下，仿真模型Ⅰ、模型Ⅱ和模型Ⅲ对人民币国际化潜能的仿真结果。理论上，同一情景假设 A_1下模型Ⅰ、模型Ⅱ和模型Ⅲ对人民币国际化潜能的仿真结果应该有所不同。原因是目前人民

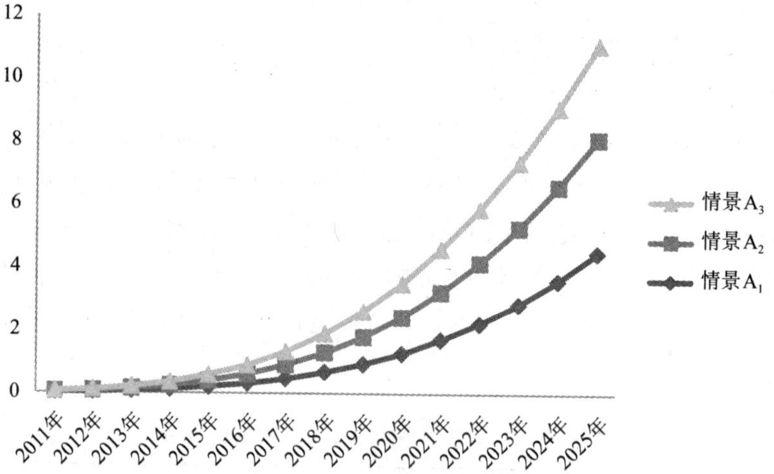

图 5-3　模型Ⅲ对 2011～2025 年人民币国际化潜能的仿真序列

数据来源：作者计算。

币“网络外部性”极其微弱，模型Ⅰ由于只考虑国内经济与金融环境，未将人民币“网络外部性”纳入模型，因而仿真值较高；模型Ⅱ由于纳入了人民币“网络外部性”变量，仿真值因此降低；而模型Ⅲ由于加入了“临界点现象”变量，使仿真值较之模型Ⅱ进一步下降。

一、乐观情景假设 A_1 下对人民币国际化潜能的仿真结果

在乐观情景假设 A_1 下，以中国宏观经济与金融各变量 2010 年的数据 X_0（t=0 表示 2010 年）为基点，逐年迭代计算 2011～2025 年相应各年的 $X_t^{A_1}$（t=1，…，15 逐一对应 2011～2025 年各年）。然后，将 $X_t^{A_1}$ 和参数估计值 $\hat{\alpha}$、$\hat{\beta}$、$\hat{\lambda}$、$\hat{\gamma}$ 分别代入对应模型（Ⅰ，A_1）、（Ⅱ，A_1）和（Ⅲ，A_1），可以得到2011～2025 年人民币在全球央行储备货币比例的仿真序列。结果显示：在乐观情景假设 A_1 下，人民币作为储备货币在全球中央银行体系 2025 年的比例分别为 26.41%、12.69% 和 4.48%（见表 5-5）。

表 5－5　　在乐观情景假设 A_1 下 2025 年人民币国际化潜能的仿真结果

时间	模型Ⅰ	模型Ⅱ	模型Ⅲ
2025 年	26.41%	12.69%	4.48%

数据来源：作者计算。

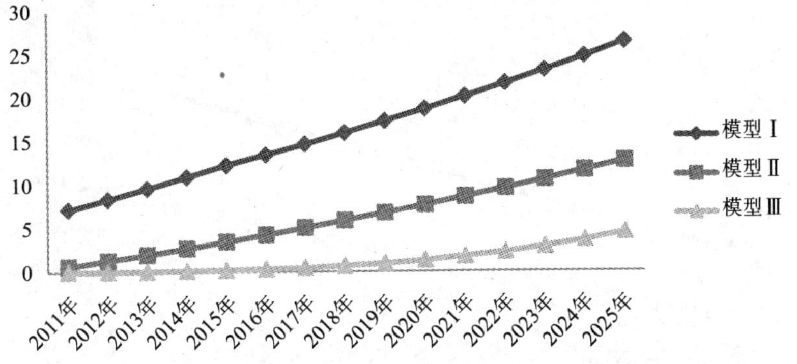

图 5－4　乐观情景假设 A_1 下 2011～2025 年人民币国际化仿真序列

数据来源：作者计算。

在乐观情景假设 A_1 下，人民币作为储备货币在全球中央银行体系 2011～2025 年的仿真序列见图 5－4。从图上可以看到，模型Ⅰ、模型Ⅱ和模型Ⅲ对人民币国际化潜能的仿真值依次递减。

二、中性情景假设 A_2 下对人民币国际化潜能的仿真结果

在中性情景假设 A_2 下，以中国宏观经济与金融各变量 2010 年的数据 X_0（t＝0 表示 2010 年）为基点，逐年迭代计算 2011～2025 年相应各年的 $X_t^{A_2}$（t＝1，…，15 逐一对应 2011～2025 年各年）。然后，将 $X_t^{A_2}$ 和参数估计值 $\hat{\alpha}$、$\hat{\beta}$、$\hat{\lambda}$、$\hat{\gamma}$ 分别代入对应模型（Ⅰ，A_2）、（Ⅱ，A_2）和（Ⅲ，A_2），可以得到 2011～2025 年人民币在全球央行储备货币比例的仿真序列（见表 5－6）。从表5－6可以看到：在中性情景假设 A_2 下，人民币作为储备货币在全球中央银行体系 2025 年的比例分别为 21.76%、11.13% 和 3.62%。在中性情景假设下各模型的仿真值均低于同一模型在乐观情景假设下的仿真值。

表 5-6　在中性情景假设 A_2 下对 2025 年人民币国际化潜能的仿真结果

时间	模型Ⅰ	模型Ⅱ	模型Ⅲ
2025 年	21.76%	11.13%	3.62%

数据来源：作者计算。

在中性情景假设 A_2 下，人民币作为储备货币在全球中央银行体系 2011～2025 年的仿真序列见图 5-5。

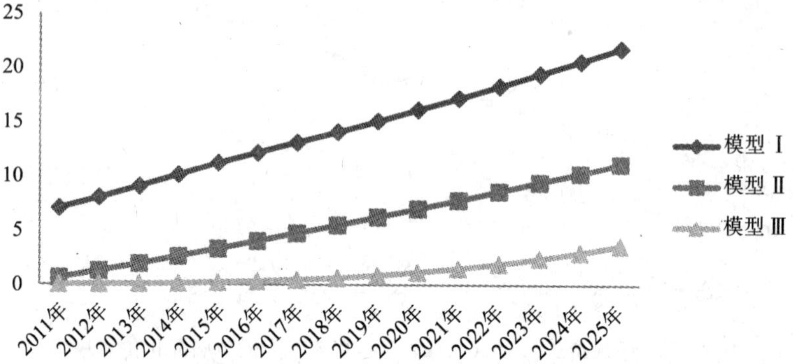

图 5-5　中性情景假设 A_2 下 2011～2025 年人民币国际化仿真序列
数据来源：作者计算。

三、悲观情景假设 A_3 下对人民币国际化潜能的仿真结果

同理，在悲观情景假设 A_3 下，以中国宏观经济与金融各变量 2010 年的数据 X_0（t=0 表示 2010 年）为基点，逐年迭代计算 2011～2025 年相应各年的 $X_t^{A_3}$（t=1，…，15 逐一对应 2011～2025 年各年）。然后，将 $X_t^{A_3}$ 和参数估计值 $\hat{\alpha}$、$\hat{\beta}$、$\hat{\lambda}$、$\hat{\gamma}$ 分别代入对应模型（Ⅰ，A_3）、（Ⅱ，A_3）和（Ⅲ，A_3），可以得到 2011～2025 年人民币在全球央行储备货币比例的仿真序列（见表 5-7）。

表 5-7　悲观情景假设 A_3 下对 2025 年人民币国际化潜能的仿真结果

时间	模型Ⅰ	模型Ⅱ	模型Ⅲ
2025 年	17.04%	9.71%	2.97%

数据来源：作者计算。

从表 5－7 可以看到：在悲观情景假设 A_3 下，人民币作为储备货币在全球中央银行体系 2025 年的比例分别为 17.04%、9.71% 和 2.97%。可见，在悲观情景假设下的仿真值明显低于在乐观情景假设和中性情景假设下的仿真值。

在悲观情景假设 A_3 下，人民币作为储备货币在全球中央银行体系 2011～2025 年的仿真序列见图 5－6。

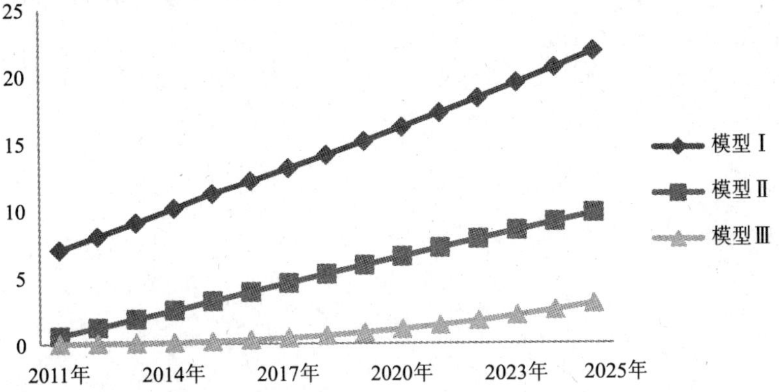

图 5－6　悲观情景假设 A_3 下 2011～2025 年人民币国际化仿真序列

数据来源：作者计算。

概括而言，本章对人民币国际化在 2011～2025 年的潜能实施了“虚拟事实仿真”，从人民币国际化潜能的仿真结果来看：在同一情景假设 A 下，仿真模型Ⅰ、模型Ⅱ和模型Ⅲ对人民币国际化潜能的仿真结果有所不同：由于目前人民币“网络外部性”极其微弱，模型Ⅰ只考虑国内经济与金融环境而未将人民币“网络外部性”纳入模型，因而仿真值较高；模型Ⅱ由于纳入了人民币“网络外部性”变量，仿真值因此降低；而模型Ⅲ由于加入了“临界点现象”变量，仿真值较之模型Ⅱ进一步下降。同一模型在不同情景假设下对人民币国际化潜能的仿真结果也有所不同：由于乐观情景假设对显著变量的设置会使得仿真值较之悲观情景假设增幅大，中性情景假设的增幅则居中。因此，对于同一模型而言，乐观情景假设的仿真值高于中性情景假设，中性情景假设的仿真值又高于悲观情景假设。

具体来说，在乐观情景假设 A_1 下用模型Ⅰ对人民币国际化潜能实施仿真，即仿真（Ⅰ，A_1），得到 2025 年人民币作为全球中央银行储备货币比例的最高仿真值为26.41%，这一比例接近2009年欧元占全球中央银行体系外汇储备比的最高点27.56%；模型Ⅱ对2025年人民币国际化潜能的仿真值为12.69%～9.71%，亦超过日元1991年的最高点8.4%；模型Ⅲ的仿真序列前期增速缓慢，增至一定水平后加速上升，表现出“临界点现象”的特点，其仿真结果为4.48%～2.97%，也相当于或超过2010年日元3.8%和英镑4%的潜能。概括而言，人民币在未来15年具有超过日元历史最高水平，成为继美元和欧元之后全球第三大国际货币的潜能，并有可能叫板欧元。

第六章

人民币国际化的推进战略

一战后美元国际化的快速推进，不是依靠市场“看不见的手”，而是美联储“强有力的手”。 ——Barry J. Eichengree

根据对全球8种储备货币45年历史的实证分析结果，货币发行国的经济规模、币值稳定、资本账户开放及货币的“网络外部性”是决定货币国际地位的显著变量。对应地，人民币国际化的推进战略为保持我国经济持续增长、维持人民币汇率稳定，开放人民币资本账户以及构筑人民币在国际贸易与金融交易中的“网络外部性”。

本章分别基于IS-LM-BP模型和多元向量自回归（Vector Auto-Regression，VAR）模型对人民币国际化的推进战略实施静态与动态的莅临与实证分析。本章首先介绍了IS-LM-BP模型的理论框架，然后用1998年1月至2011年4月相关我国宏观经济的月度数据对我国IS-LM-BP模型进行修正。结果显示我国已经具备市场经济的基本特征，因此修正后的我国IS-LM-BP模型可以用于人民币国际化推进策略的理论推理。进一步的分析揭示，人民币资本账户开放将加大我国经济波动；固定汇率制度下，无论资本账户开放程度如何，中央银行利用货币政策调节经济的独立性都被维持汇率稳定的责任和义务冲销；而浮动汇率制度下，汇率大幅波动会对经济发展形成冲击。基于 IS - LM - BP 模型的静态分析的政策含义是：在人民币国际化初期，人民币汇率制度安排宜于选择管理浮动汇率制度，待人民币国际化积蓄一定能量后再进一步开放人民币资本账户。

本章随后采用多维向量自回归（VAR）模型，通过格兰杰因果检验（Granger Causality Test）、脉冲响应函数（Impulse Response Function），以及方差分解（Variance Decomposition）等多种计量技术，对人民币国际化各项推进战略，即经济增长、汇率稳定和资本账户开放之间的联动关系实施全面分析。① VAR 模型分析得到以下结果：Granger 因果检验表明人民币资本账户加速开放是经济增长波动的 Granger 原因，脉冲响应函数分析进一步证实加速人民币资本账户会使经济增长短期下滑，并同时会加剧汇率波动。可见，资本账户开放与经济增长不能同时兼得，资本账户开放与汇率稳定也不能兼得。开放人民币资本账户存在风险，需要格外谨慎；Granger 因果检验还表明人民币汇率波动是经济增长波动的 Granger 原因，脉冲响应函数分析则进一步揭示汇率波动会使经济增长短期下挫。可见，人民币汇率制度设计与安排应该以维持人民币汇率稳定为目标。VAR 模型分析的政策含义是：资本账户开放与经济增长不能同时兼得，资本账户开放与汇率稳定也不能兼得。开放人民币资本账户存在风险，需要格外谨慎。总之，经济增长、汇率稳定和资本账户开放的战略目标之间存在矛盾，人民币国际化推进战略的选择需要权衡与取舍。

最后基于 IS - LM - BP 模型和 VAR 模型的静态与动态分析结果，提出人民币国际化推进战略的具体政策建议。概括而言就是：未来 15 年人民币国际化应采取“前期稳健创造国际需求、后期激进释放海外供给”的推进战略。

第一节　基于 IS - LM - BP 模型的静态分析

“三元悖论”揭示的是开放经济体无法同时实现独立货币政策、汇率稳

---

① 由于数据不可获得，人民币在国际经济与金融交易中的“网络外部性”未纳入 VAR 模型分析。

定以及资本账户开放的三大宏观经济目标之间的复杂矛盾。“三元悖论”表明开放经济体的政府和宏观经济管理部门需要在相互交织的多重宏观调控目标之间作出平衡与取舍。

“三元悖论”得到许多著名经济学家的认同：Maurice Obstfeld 等认为“三元悖论”理论是对国际货币体系从金本位时期到“牙买加体系”时期历史演变的经验总结和理论归纳，即“人类穷尽一切智慧，但无非是在进行着‘三中择二’的不同组合”。“三元悖论”的内涵经历了“米德冲突”（Meade Conflict）——M－F 模型（Mundell－Fleming Model）——“三元悖论”三个理论传承、循序渐进的发展阶段。

1. “米德冲突”：英国经济学家米德（James Edward Meade）是“三元悖论”理论的开创者。他在1951年出版的《国际收支》一书中揭示，开放经济体同时实现内部与外部均衡的宏观经济目标之间存在冲突，即“米德冲突”（Meade's Conflict）。米德指出，开放经济体要实现内部和外部同时均衡必须搭配运用宏观政策工具。开放经济体要实施固定汇率制度，就必须配以资本和外汇管制以控制资本（尤其是短期资本）的自由流动。也就是说，固定汇率制度与资本自由流动不能同时兼得，选择资本自由流动最终将无法维持固定汇率制。

2. 蒙代尔—弗莱明模型：20世纪60年代，美国经济学家蒙代尔（Robert A. Mundell）和弗莱明（J. Marcus Fleming）推出了蒙代尔—弗莱明模型（Mundell－Fleming Model），即在IS－LM模型基础上加入国际收支平衡线，即BP曲线，对资本完全自由流动下的小型开放经济体的宏观经济政策效果进行分析。Mundell－Fleming 模型的假设前提为：一个开放经济小国（即，本国利率水平无能力影响国际金融市场的利率水平）以及资本完全自由流动等。该模型揭示：在固定汇率制下，如果资本完全自由流动，政府独立运用货币政策调节经济的效力将完全丧失；但在浮动汇率制度下，货币政策具有调节经济增长的明显效力，即货币政策具有独立性。这也是“三元悖论”理论的重要基石。

3. “三元悖论”：1997年“亚洲金融危机”爆发后，克鲁格曼（Paul. Kurgman）在1998年的“亚洲发生了什么”一文中提出固定汇率制度下的资本自由流动是“亚洲金融危机”的主要原因的观点，并第一次明确提出“三元悖论”的论断。在随后的《萧条经济学的回归》一书中，克鲁格曼对

“三元悖论”进行了详尽论述：开放经济体的汇率稳定、货币政策独立，以及与资本自由流动之间存在相互替代关系。换言之，开放经济体的固定汇率制度、资本自由流动和独立货币政策三个目标无法兼得，就好像三角形的三个顶点，开放经济国家最多只能同时选择三个顶点中的任意两个顶点。因此，“三元悖论”也叫“不可能三角”（见图6－1）。

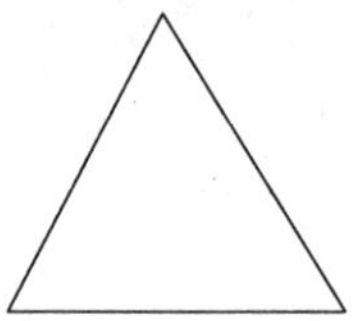

图6－1　“不可能三角”

克鲁格曼还进一步概括了开放经济体宏观政策目标的三种搭配模式：第一，保持本国独立货币政策和资本完全自由流动，但必须实行浮动汇率制，舍弃汇率的稳定；第二，维持本国货币政策的独立性以及汇率稳定，但必须同时实施资本账户管制，限制资本自由流动；第三，允许资本完全自由流动并保持汇率稳定，但必须放弃本国货币政策的独立性。

一、IS－LM－BP理论模型

IS－LM－BP模型将开放经济体的货币市场、产品市场和外汇市场纳入同一模型，前提假设包括：第一，研究对象为开放的小国宏观经济体，也就是本国利率不会对国际利率产生影响的开放的经济体，或者说国际利率是一个外生变量的开放经济体；第二，本国资本完全自由流动、汇率完全自由浮动、利率完全市场化；第三，本国货币需求仅取决于收入和利率、本国利率决定本国投资、本国贸易收支仅由收入和汇率决定；第四，本国国内价格水平保持不变；第五，本国与外国资产完全替代，但本国与外国商品不完全替代，且本国商品供给弹性无穷大；第六，不存在理性预期。

（一）产品市场均衡与IS曲线

开放经济体的产品市场总需求为 $Y = C + I + G + NX$。

其中，C——消费需求；

I——投资需求；

G——政府支出需求；

NX——净出口需求。

总需求各组成部分分别由不同因素决定。

1. 消费需求与消费函数：消费需求是总需求的主要部分。消费需求的主要决定因素是收入水平：消费随着收入的增加而增加，且消费增加小于收入增加。消费函数可以表示为：$C(R) = \alpha_c + \beta_c Y$

其中，Y——总收入；

α_c——自发性消费，也就是生存必不可少的基本生活消费，即，当 $Y = 0$ 时通过举债或动用过去储蓄实现的基本消费；

β_c（$0 < \beta_c < 1$）——边际消费倾向，表示收入增加一个单位所致消费增加的单位数量；

$\beta_c Y$——由于产出增加导致的消费增加。

2. 投资需求与投资函数：投资需求是指对厂房、设备等社会实际资本的需求。投资需求的决定因素包括两个方面：一方面是产出，另一方面是实际利率。投资需求与产出成正比，产出越高投资需求也越高，反之亦然；实际利率则与投资需求成反比，实际利率越高投资需求越低，反之亦然。投资函数可以表示为：

$I(Y, R) = \alpha_i + \beta_i Y + \delta_i R$

其中，Y——收入；

R——实际利率，$R = r - \pi$，实际利率是名义利率 r 与通货膨胀率 π 之间的差额；

α_i、β_i、δ_i——参数：α_i为自主性投资，表示产出和利率都为零时也存在的投资量；β_i表示由于收入提高一个单位而增加投资单位数量，$\beta_i Y$ 表示由于产出增加所导致的投资增加；δ_i为边际投资倾向，表示由于利率提高一个单位导致投资减少的单位数量，$\delta_i R$ 表示投资需求与利率相关的部分。

3. 净出口与净出口函数：净出口等于出口减去进口。当出口收入大于进口支出时，即净出口为正时，贸易出现顺差；反之，当进口大于出口，即净出口为负时，贸易呈现逆差。净出口取决于总收入与实际汇率。进口与总收入成正比：收入提高时，进口增加，反之亦然。而出口一般认为不直接受收入变化的影响。因此，净出口与总收入成反比关系：总收入提高时，出口不变，进口增加，净出口会减少；反之，总收入减少时，出口不变，进口减少，净出口增加。

在直接标价法下，实际汇率上升，本币贬值，本国出口商品相对于外国商品的价格下降，出口增加。而进口商品相对于外国商品的价格上升，进口减少；反之，实际汇率下降，本币升值，本国出口商品相对于外国商品的价格上升，出口减少。而进口商品相对于外国商品的价格下降，进口增加。当进出口的价格需求弹性满足“马歇尔—勒纳”条件（Marshall - Lerner condition），即进出口商品的价格需求弹性之和大于 1 时，贸易收支改善。净出口函数可以表示为：

$$NX\left(Y,\ \frac{EP^*}{P}\right) = EX\left(\frac{EP^*}{P}\right) - IM\left(Y,\ \frac{EP^*}{P}\right) = \alpha_{nx} - \beta_{nx}Y - \theta_{nx}\cdot\frac{EP^*}{P},$$

其中，α_{nx}、β_{nx}、δ_{nx}为参数；

β_{nx}——边际进口倾向，表示一单位收入变化引起净出口变化的单位数量；

$\delta_{nx}Y$——收入增加净出口的变化；

E——在直接标价法下的名义汇率，即一单位外币的本币数量（在直接标价法下，本币汇率下降表示升值，本币汇率上升表示贬值，对出口有正向作用，对进口则有反向作用）；

P^*——外国物价指数；

P——国内物价指数；

$\frac{EP^*}{P}$——用直接标价法表示的实际汇率。

4. 产品市场均衡与 IS 曲线：给定政府支出 G，将消费函数 C（R）$= \alpha_c + \beta_c Y$、投资函数 I（Y，R）$= \alpha_i + \beta_i Y + \delta_i R$ 和净出口函数 NX（Y，$\frac{EP^*}{P}$）$= \alpha_{nx} - \beta_{nx}Y - \theta_{nx}\cdot\frac{EP^*}{P}$带入总需求函数，可以得到开放经济体产品产出等于产品需求时，产品市场均衡的 IS 曲线方程：

$$Y = (\alpha_c + \beta_c Y) + (\alpha_i + \beta_i Y - \delta_i R) + G + \left(\alpha_{nx} + \beta_{nx}Y - \theta_{nx}\cdot\frac{EP^*}{P}\right)$$

整理后得到：

$$R = \frac{1}{\delta_i}\left(\alpha_c + \alpha_i + \alpha_{nx} + G - \theta_{nx}\frac{EP^*}{P}\right) - \frac{1 - \beta_c + \beta_i + \beta_{nx}}{\delta_i}Y \qquad (6-1)$$

5. IS 曲线的斜率：在 R—Y 坐标系上 IS 曲线的斜率可做如下推导：以 Y 为自变量对（6-1）式求导得到：

$$\frac{dR}{dY} = -\frac{1-\beta_c+\beta_i+\beta_{nx}}{\delta_i} < 0$$

因此，在 R—Y 坐标系上，产品市场均衡曲线 IS 是一条斜率为负的曲线。

（二）货币市场均衡与 LM 曲线

1. 货币供给：货币市场的名义货币供给 M^s 是中央银行直接控制货币的现金存量，包括流通中的现金和活期存款，也叫狭义货币，因此，实际货币供给为：

$$M = \frac{M^s}{P}$$

2. 货币需求：名义货币需求 M^d 源于三方面的动机：第一是交易动机，指企业和个人为了维持正常交易而持有货币的动机；第二是预防动机，指为了防止事故、失业、疾病等意外事件而持有部分流动性的动机；第三是投机动机，指为了获得有利的投资机会购买有价证券而持有货币的动机。交易动机和预防动机下的货币需求 $L_1(Y)$ 主要取决于社会总收入，且与社会总收入成正比：收入水平越高，交易和预防动机下的货币需求越大，反之亦然；投机动机下的货币需求 $L_2(R)$ 取决于实际利率，并与实际利率成反比：实际利率越高，投机动机下的货币需求越小；反之，实际利率越低，投机性货币需求越大。实际货币需求为：

$$L = \frac{M^d}{P} = L_1(Y) + L_2(R)$$

3. 货币市场均衡与 LM 曲线：给定价格 P，当实际货币供给 $M = \frac{M^S}{P}$ 等于实际货币需求 $L = \frac{M^d}{P}$ 时，货币市场达到均衡。因此，货币市场均衡的 LM 曲线方程为：

$$M = L_1(Y) + L_2(R) = \alpha_m Y + \beta_m R \tag{6-2}$$

其中，R——实际利率水平；

Y——收入。

α_m、β_m——参数，分别表示货币需求对收入和利率的敏感度：α_m 衡量收入增加一个单位时实际货币增加的单位数量；β_m则表示利率每提高一个单位时实际货币增加的单位数量。

4. LM 曲线的斜率：对（6-2）式两边求全微分，得到：

$dM = \alpha_m dY - \beta_m dR$，$\because dM = 0$

$$\therefore \frac{dR}{dY} = \frac{\alpha_m}{\beta_m} > 0$$

因此，在 R—Y 坐标系上，货币市场均衡曲线 LM 是一条斜率为正的曲线。

（三）国际收支均衡与 BP 曲线

1. 净出口函数：如前所述，净出口函数为：

$$NX(Y, \frac{EP^*}{P}) = \alpha_{nx} - \beta_{nx}Y - \theta_{nx} \cdot \frac{EP^*}{P}$$

2. 净资本流出函数：净资本流出函数为：$K(r) = \kappa(r^* - r)$

其中，K——资本净流出；

r^*——国际名义利率；

r——本国名义利率；

κ（$\kappa > 0$）——参数，表示国际利率高于本国利率一个单位所引起资本流出的单位数量。当国际利率高于本国利率 $r^* > r$ 时，资本流出，$K > 0$；当国际利率低于本国利率 $r^* < r$ 时，资本流入，$K < 0$。

3. 国际收支平衡与 BP 曲线：开放经济国际收支平衡时，即，$NX(Y, \frac{EP^*}{P}) = K(r)$，一国实现内外经济平衡。因此，BP 曲线方程可写为：$NX(Y, \frac{EP^*}{P}) = K(r) = \alpha_{nx} - \beta_{nx}Y - \theta_{nx} \cdot \frac{EP^*}{P} = \kappa(r^* - r)$。经整理后得到 BP 曲线方程为：

$$r = \frac{\beta_{nx}}{\kappa}Y + \left(r - \frac{\alpha_{nx}}{\kappa} + \frac{\theta_{nx}}{\kappa} \cdot \frac{EP^*}{P}\right) \quad (6-3)$$

4. BP 曲线的斜率：在 R—Y 坐标系上 BP 曲线的斜率可做如下推导：以 Y 为自变量对（6-3）式求导，可以得到，$\frac{dr}{dY} = \frac{\beta_{nx}}{\kappa} + \left(r - \frac{\alpha_{nx}}{\kappa} + \frac{\theta_{nx}}{\kappa} \cdot \frac{EP^*}{P}\right)$。可见，在 R—Y 坐标系上，BP 曲线的斜率为正。因为国际利率 r^* 给定，当资本账户完全开放时，国内利率发生微小波动就会导致无限量的资本流入

或流出，即，$\kappa \to \infty$。因此，当资本账户开放时，BP 曲线是一条平行于 X 轴的水平线，其斜率$\frac{\beta_{nx}}{\kappa} \to 0$；当资本账户完全管制时，国内利率无论发生什么变化资本流入或流出均为 0，即，$\kappa \to 0$。因此，当资本账户开放时，BP 曲线斜率$\frac{\beta_{nx}}{\kappa} \to \infty$，BP 曲线是一条垂直于 X 轴的垂线。

由此可知，$0 \leqslant \kappa < \infty$ 决定资本账户管制（即国际资本流动）的程度，κ 值大小与资本管制程度成正比：κ 值越大，资本账户管制越严格，资本流动程度越低；κ 值越小，资本账户管制程度越低，资本流动程度越高。

（四）开放经济体的内外均衡

从上面分析可见，IS－LM－BP 模型是由五个行为方程（6－4a～e），以及两个定义式（6－5a～b），组成的联立方程组。

$$C(R) = \alpha_c + \beta_c Y \quad (6-4a)$$

$$I(Y, R) = \alpha_i + \beta_i Y + \delta_i R \quad (6-4b)$$

$$NX\left(Y, \frac{EP^*}{P}\right) = \alpha_{nx} - \beta_{nx} Y - \theta_{nx} \cdot \frac{EP^*}{P} \quad (6-4c)$$

$$M = \alpha_m Y + \beta_m R \quad (6-4d)$$

$$K(r) = \kappa (r^* - r) \quad (6-4e)$$

$$Y = C + I + G + NX \quad (6-5a)$$

$$R = r - \pi \quad (6-5b)$$

将 IS 曲线、LM 曲线和 BP 曲线放入同一 R—Y 坐标系，可以得到开放经济宏观分析的 IS－LM－BP 模型（见图 6－2）。

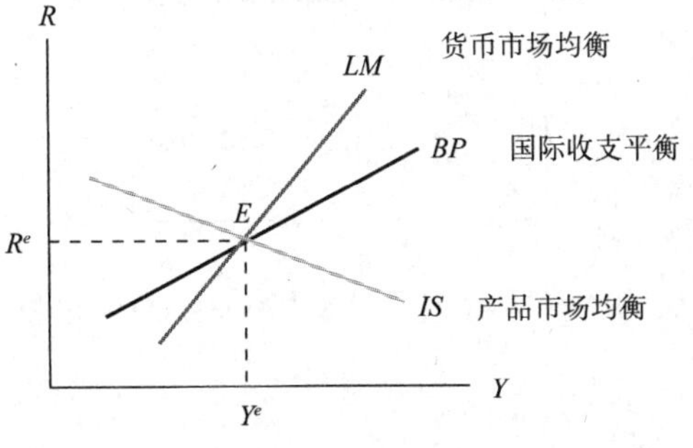

图 6－2 开放经济体的 IS－LM－BP 模型

可知，IS 曲线上的任意一点均为产品市场均衡时利率与产出的对应关系；同理，LM 曲线上任意一点则是货币市场达到均衡时，利率与产出的对应关系，BP 曲线上任意一点是国际收支实现平衡时，利率与产出的对应关系。IS 曲线、LM 曲线和 BP 曲线相交于点 E，表示开放经济在点 E 实现内部经济与外部经济的均衡。当内外经济同时实现均衡时，对应的利率为 R^e，产出为 Y^e。

当资本账户完全管制时，BP 曲线是一条垂线，IS – LM – BP 模型如图 6 –3所示；当资本账户完全开放时，BP 曲线是一条水平直线，IS – LM – BP 模型如图 6 – 4 所示。

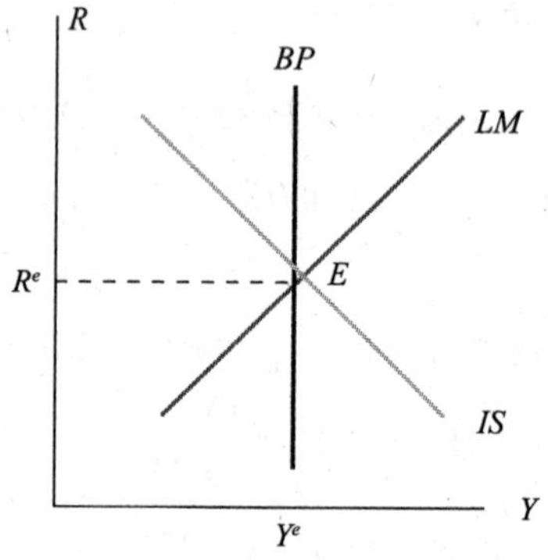

图 6 – 3　资本账户完全管制下的 IS – LM – BP 模型

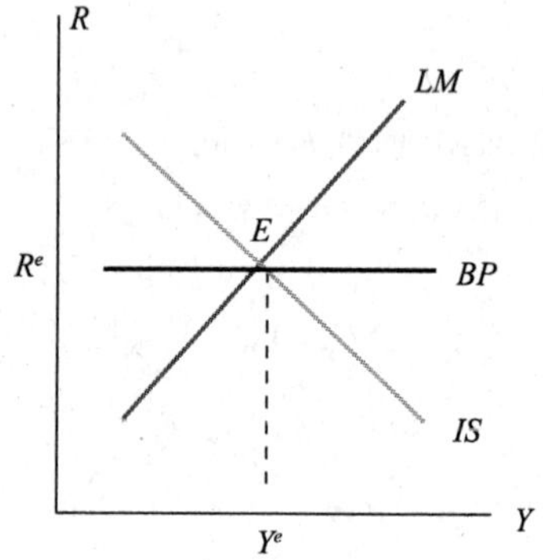

图 6 – 4　资本账户完全开放下的 IS – LM – BP 模型

二、基于 IS – LM – BP 的静态分析

本小节以政府采取扩张性货币政策或扩张性财政政策促进经济增长为例，在 IS – LM – BP 模型的基础上，分别对固定汇率制度和浮动汇率制度下，资本账户不同开放程度与扩张性货币政策和扩张性财政政策促进经济增长的政策效力之间的关系实施比较静态分析。

（一）固定汇率制度下的资本账户开放与经济增长

在固定汇率制度下，假设最初内部经济与外部经济处于均衡点 1。在 1 点，国内利率为 R^1，国内经济规模为 Y^1。接下来分别讨论在资本账户完全管制、资本账户不完全开放，以及资本账户完全开放三种情形下，扩张性货币政策和扩张性财政政策推动经济增长的有效性。

1. 资本账户完全管制：在资本账户完全管制的条件下，如果中央银行实施扩张性货币政策推进经济增长，LM 向右移动至 LM′，IS 与 TM′相交于点 2，利率降低至 R^2。由于资本账户完全管制，资本不能自由流进流出，因此，国内经济在点 2 达到短期均衡。由于国内利率下降会刺激投资增加，从而产出增加至 Y^2，并刺激进口增加，经常账户出现逆差，进而导致本币贬值。

在固定汇率制下，为了阻止因国际收支逆差导致的本币贬值，央行必须干预外汇市场以维持汇率稳定。这将迫使中央银行在外汇市场卖出外国资产从而收回流通中的货币量，本币供给因此下降，LM′被动左移回到 LM，经济重回起始均衡点 1，从而使产出下降至初始水平，国际收支因产出下降所致的进口减少而重新恢复平衡（见图 6 – 5）。

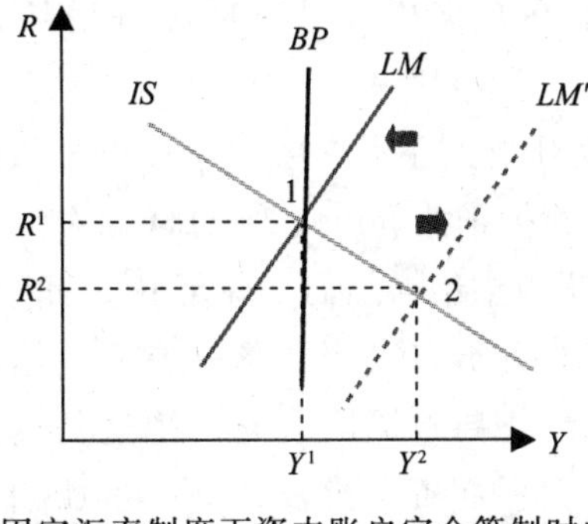

图 6 – 5　固定汇率制度下资本账户完全管制时的货币政策

如果政府通过扩张性财政政策推进经济增长，IS 因此向上移动至 IS′，IS′与 LM 相交于点 2，国内经济达到短期均衡。在均衡点 2，国内利率上升至 R^2，国内产出增加至 Y^2。由于资本账户完全管制，利率上升不会引起资本流入，但产出增加会刺激进口，从而使国际收支出现逆差，对本币形成贬值。在固定汇率制下，本币贬值将迫使中央银行在外汇市场卖出外国资产收回流通中的货币以抑制贬值趋势维持汇率稳定，本币供给量因此下降，LM 左移回到 LM′，并促使利率进一步上升至 R^3。在资本账户完全管制的条件下，利率进一步上升会使国内投资减少，从而使国民产出下降至初始水平，国际收支重新恢复平衡，最后国内经济在点 3 达到内外长期均衡（见图 6－6）。

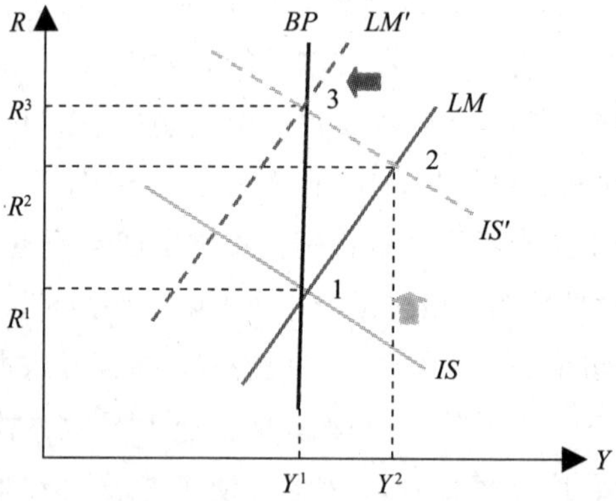

图 6－6　固定汇率制度下资本账户完全管制时的财政政策

概括起来，在固定汇率下，如果资本账户完全管制，扩张性货币政策短期内对经济增长有一定促进作用，但长期内对经济增长并无调节效力；扩张性财政政策也只能在短期内促进国内经济增长，长期内对经济增长无效。

2. 资本账户不完全开放：在资本账户不完全开放的条件下，如果央行为了推进经济增长而实施扩张性货币政策，LM 向右移动至 LM′，IS 与 LM 相交于点 2，国内利率因货币供给增加而下降至 R^2，此时国内经济达到短期均衡。由于资本账户不完全开放，利率下降一方面会增加投资，推动经济增长，从而使进口增长，最终导致国际收支出现逆差，并带来本币贬值的压力；另一方面利率下降会引起资本外流，进一步加剧本币贬值的压力。在固定汇率制下，本币贬值压力将迫使中央银行在外汇市场卖出外国资产收回流通中的货币，以抑制贬值趋势维持汇率稳定。本币供给量因此下降，LM左移回到LM，经济重回到起始的均衡点1。此时产出下降至初始水平，国际收支重新恢复平衡（见图6－7）。

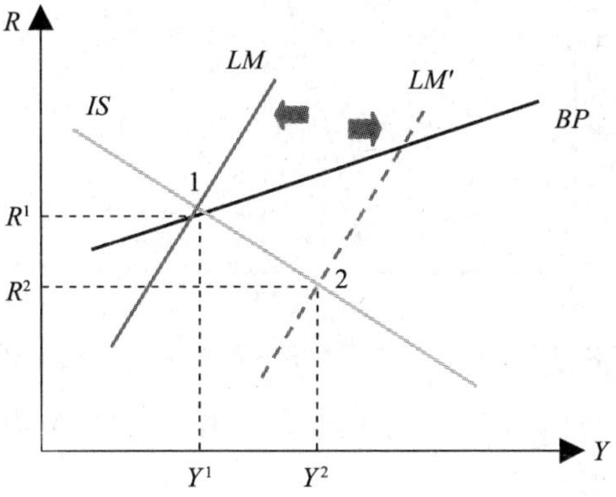

图6－7　固定汇率制度下资本账户不完全开放时的货币政策

政府也可以采取扩张性财政政策推进经济增长，IS因此向上移动至IS′，IS′与LM交于点2，国内经济在点2达到短期均衡。此时，国内产出增至Y^2，国内利率上升至R^2。在资本账户不完全开放的条件下，一方面，由于经济增长会刺激进口，从而使经常账户出现逆差，给本币带来贬值压力；另一方面，由于利率上升引起资本流入，从而产生资本账户顺差，给本币带来升值压力。

本币汇率最终是升值还是贬值取决于资本流动的利率弹性大小，即BP曲线的斜率，具体来说：

（1）当BP斜率大于LM斜率时，资本流动的利率弹性较小，经常账户逆差所致的本币贬值压力大于资本账户顺差所致的本币升值压力，点2在BP曲线下方，本币最终贬值。在固定汇率制度下，为了维持汇率的稳定，中央银行有义务在外汇市场卖出外汇资产收回本币以此缓解本币贬值的压力。这将导致LM向左移动至LM′，并在点3达到长期均衡。在长期均衡点3，国民总产出为Y^3，利率为R^3，均高于初始均衡的产出Y^1与利率R^1。其中，长期均衡利率R^3还高于短期均衡利率R^2，但长期均衡的产出Y^3低于短期均衡Y^2（见图6－8a）。

（2）如果LM斜率等于BP斜率，点2在BP曲线上，本币既无升值亦无贬值的压力，本币汇率稳定，国内经济达到内部与外部长期均衡。

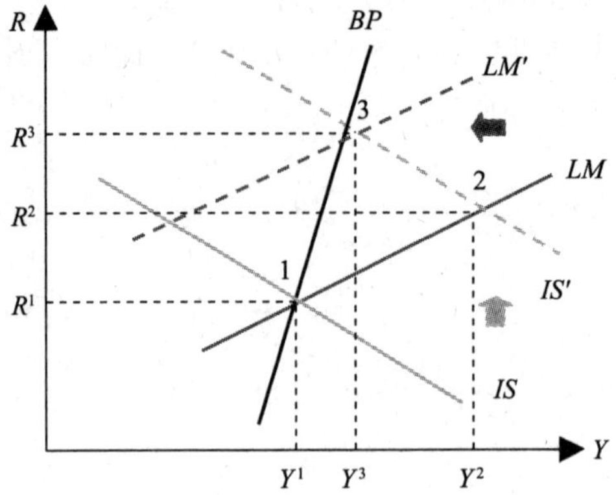

图 6-8a　固定汇率制度下资本账户完全开放时的财政政策（BP 斜率 > LM 斜率）

此时，国民总产出为 Y^2，利率为 R^2，均高于初始均衡点的产出 Y^1 与利率 R^1（见图 6-8b）。

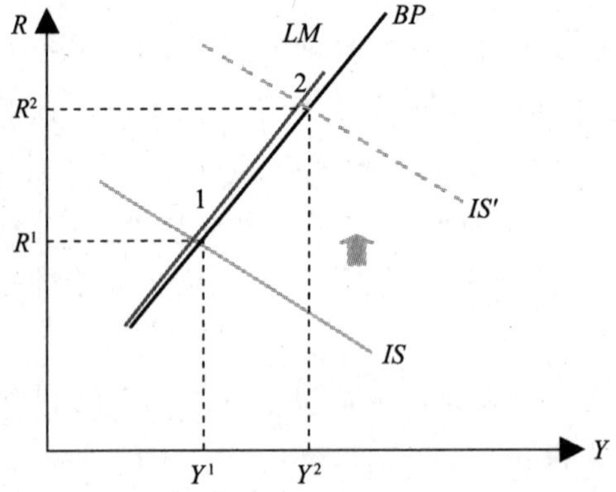

图 6-8b　固定汇率制度下资本账户不完全开放时的财政政策（BP 斜率 = LM 斜率）

（3）当 BP 斜率小于 LM 斜率时，资本流动的利率弹性较大，点 2 位于 BP 上方，资本账户顺差所致的本币升值压力大于经常账户逆差所致的本币贬值压力，本币最终升值。在固定汇率制度下，为了维持汇率的稳定，中央银行将在外汇市场买入外汇资产增加本币供应量以此缓解本币升值的压力。这将导致 LM 向右移动至 LM′，并在点 3 达到长期均衡。在长期均衡点 3，国民总产出为 Y^3，利率为 R^3，均高于初始均衡的产出 Y^1 与利率 R^1（见图 6-8c）。

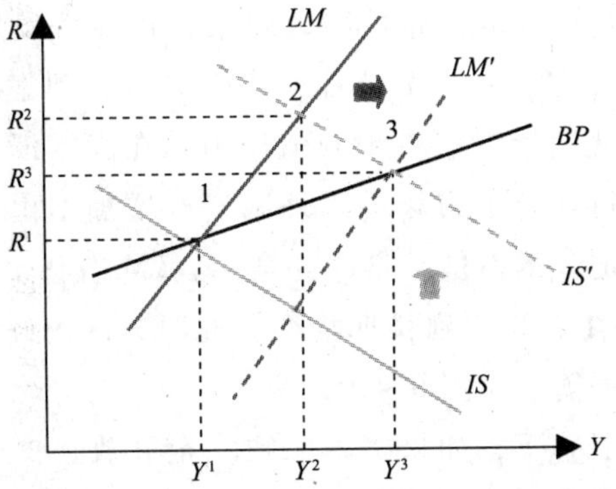

图 6-8c　固定汇率制度下资本账户不完全开放时的财政政策（BP 斜率 < LM 斜率）

可见，在固定汇率下，如果资本账户不完全开放，扩张性的货币政策仅能在短期内对经济增长产生影响，长期内对经济发展并无推动效力；扩张性财政政策则在长短期内均能促进经济增长的政策效力，且其提高经济增长的政策效力取决于资本账户开放的大小，亦即资本流动的利率弹性：资本账户开放程度越大，资本流动的利率弹性越大，即 BP 相对于 LM 的斜率越小，扩张型财政政策促进经济增长的效力越强。

3. 资本账户完全开放：假设央行为了推进经济增长而实施扩张性货币政策，LM 向右移动至 LM′，利率因货币供给增加而下降至 R^2。当资本账户完全开放时，利率下降会立刻导致资本外流，扩张性货币政策所致的货币增量会即刻被资本外流所冲销，LM′立即返回 LM。因此，在固定汇率制度下，如果资本账户完全开放，扩张性货币政策对经济增长甚至短期作用也没有，货币政策将完全失去促进经济增长的效力（见图 6-9）。

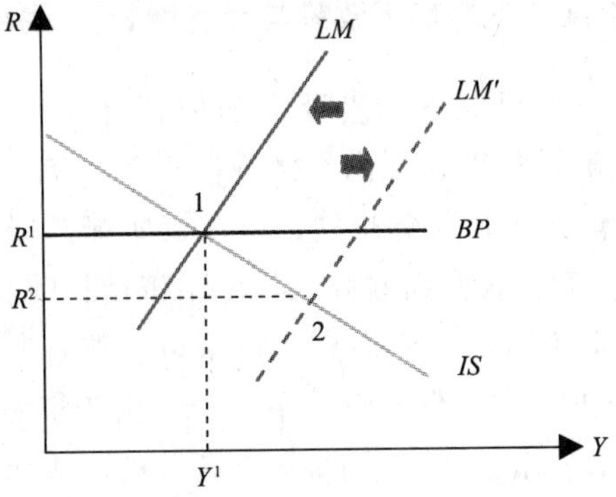

图 6-9　固定汇率制度下资本账户完全开放时的货币政策

假设经济管理当局采取扩张性财政政策促进经济发展，IS 向上移动至 IS′，国内利率上升至 R^2。由于资本账户完全开放，利率的微小上升即刻引起大量资本流入，从而给本币带来升值压力。在固定汇率制下，本币升值压力将迫使中央银行在外汇市场买入外国资产增加本币供应量，以抑制升值趋势维持汇率稳定，本币供给量因此增加，LM 右移至 LM′，从而使利率水平下降至 R^1，并在点 3 达到长期均衡。此时，国内经济规模增加到 Y^3，国际收支重新恢复平衡（见图 6－10）。

因此，在固定汇率下，如果资本账户完全开放，央行通过扩张性货币政策调节经济增长的效力会被其维持固定汇率的义务完全冲销，即中央银行货币政策的独立性将完全丧失；而在同样的情形下，扩张性财政政策能使经济大幅提高，财政政策对经济增长显著有效。

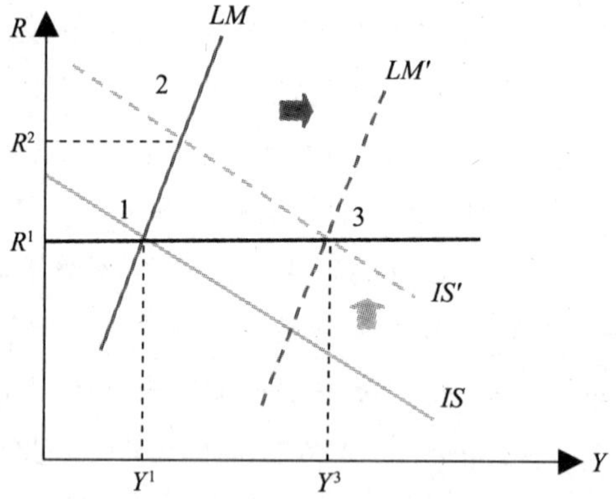

图 6－10　固定汇率制度下资本账户完全开放时的财政政策

（二）浮动汇率制度下的货币政策与经济增长

同理，在浮动汇率制度下，假设最初内部经济与外部经济处于均衡点 1。在 1 点，国内利率为 R^1，国内经济规模为 Y^1。接下来分别讨论在资本账户完全管制、资本账户不完全开放，以及资本账户完全开放等三种情形下，扩张性货币政策和扩张性财政政策推动经济增长的政策效力。

1. 资本账户完全管制：如果中央银行采取扩张性货币政策推进经济增长，LM 向右移动至 LM′，致使国内利率下降。由于资本账户完全管制，利率下降无法引起资本流出，只会使国内投资增长，从而增加国民产出并进一步增加进口，经常账户因此出现逆差，引起本币贬值的压力。在浮动汇率制度下，本币贬值的结果是使直接标价法下的本币汇率从 e_1 上升至 e_2。根据马歇尔—勒纳条件，如果本国进出口需求的价格弹性之和大于1，本币贬值将增加出口，减少进口，从而使 IS（e_1）向上移至 IS（e_2），贸易收支因此得以改善，BP（e_1）右移至 BP（e_2），最后在点2达到均衡。此时，国内产出增加至 Y^2，利率降低至 R^2，国际收支达到平衡，国内经济实现内外长期均衡（见图6-11）。

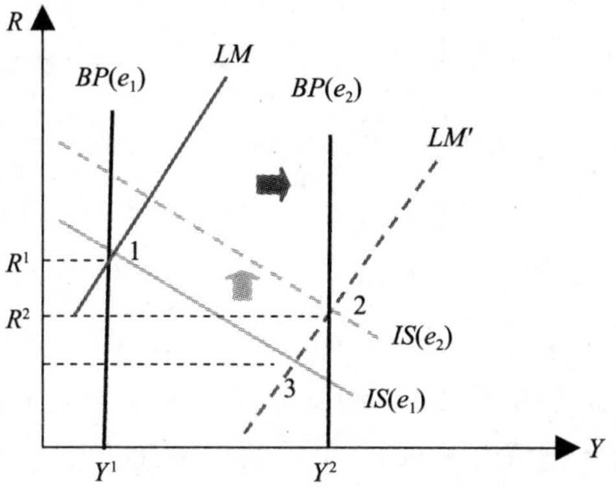

图6-11　浮动汇率制下资本账户完全管制时的货币政策

假如政府为了推进经济增长而实施扩张性财政政策，IS（e_1）向上移动至 IS′（e_1），并在点2达到短期均衡。此时，国内利率上升至 R^2，国民产出增加至 Y^2。在资本账户完全管制的情形下，利率上升不会引起资本的流入，但产出提高会引起进口增加，从而经常账户出现逆差。在浮动汇率制度下，国际收支逆差会导致本币贬值，使直接标价法下的本币汇率从 e_1 上升至 e_2。根据马歇尔—勒纳条件，如果本国进出口需求的价格弹性之和大于1，本币贬值能增加出口，减少进口，从而使 IS′（e_1）进一步向上移至 IS（e_3）。国际收支改善致使 BP（e_1）右移至 BP（e_3），最后在点3达到均衡。此时，国内经济实现内外长期均衡，国内产出增加至 Y^3，利率上升至 R^3（见图6-12）。

综合而言，在浮动汇率制度下，如果资本账户完全管制，扩张性货币政策与扩张性财政政策在长期内都能够促进经济增长。

2. 资本账户不完全开放：在资本账户不完全开放的条件下，如果中央银行为了推进经济增长而实施扩张性货币政策，LM 向右移动至 LM′，国内

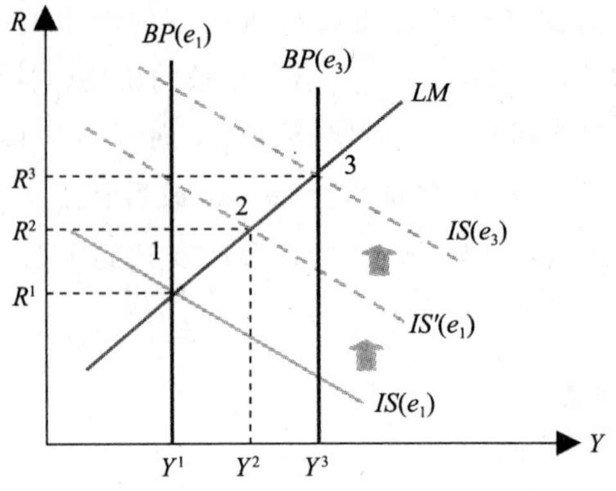

图 6－12　浮动汇率制下资本账户完全管制时的财政政策

利率下降。由于资本账户不完全开放，利率下降一方面会引起国内资本流出，致使资本账户出现逆差，本币汇率产生贬值压力；另一方面，利率下降还会刺激国内投资增长，提高国民产出，从而增加进口，致使经常账户出现逆差，也对本币汇率产生贬值压力，国际收支的资本账户和经常账户均出现逆差，本币因此发生贬值。在浮动汇率制度下，本币贬值的结果是使直接标价法下的本币汇率从 e_1 上升至 e_2。根据马歇尔—勒纳条件，如果本国进出口贸易的价格弹性之和大于 1，本币贬值能增加出口，减少进口，从而使 IS（e_1）向上移至 IS（e_2）。由于国际收支改善，BP（e_1）右移至 BP（e_2），最后在点 2 达到长期均衡，此时国内产出增加至 Y^2，利率降低至 R^2，国内经济实现内外长期均衡（见图 6－13）。

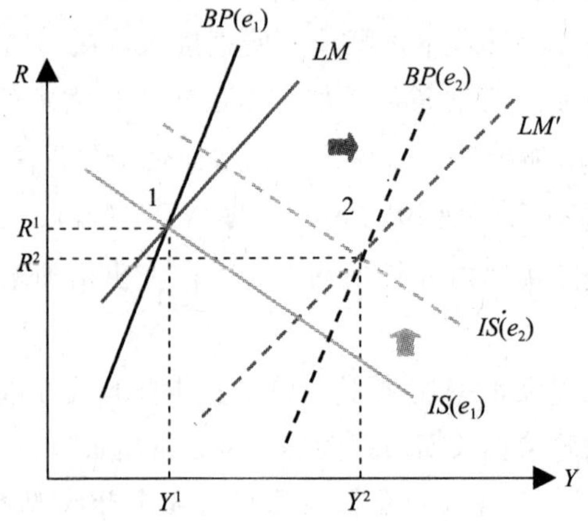

图 6－13　浮动汇率制下资本账户不完全开放时的货币政策

政府为了推进经济增长还可以采取扩张性财政政策，IS（e_1）向上移动至 IS′（e_1），此时国内利率上升至 R^2，国民产出增加至 Y^2。在资本账户不完全开放的情形下，一方面，利率上升会引起资本流入，从而国际收支的资本账户出现顺差，对本币产生升值压力；另一方面，产出提高会引起进口增加，从而国际收支的经常账户逆差，对本币产生贬值压力。在浮动汇率制度下，最终本币是升值还是贬值取决于资本流动的利率弹性大小，即，BP 曲线的斜率，具体来说：

（1）当 BP 曲线斜率大于 LM 曲线斜率时，资本流动的利率弹性较小，点 2 位于 BP（e_1）下端，经常账户逆差引起的本币贬值压力大于资本账户顺差引起的本币升值压力，净效应是国际收支出现逆差。在浮动汇率制度下将引起本币贬值，直接标价法下的本币汇率从 e_1 上升至 e_3。根据马歇尔—勒纳条件，如果本国进出口需求的价格弹性之和大于 1，本币贬值能增加出口，减少进口，从而使 IS′（e_1）进一步向上移至 IS′（e_3），国际收支得以改善，BP（e_1）右移至 BP（e_3），最后在点 3 达到均衡。此时，国内产出增加至 Y^3，利率上升至 R^3，国内经济实现内外长期均衡（见图 6-14a）。

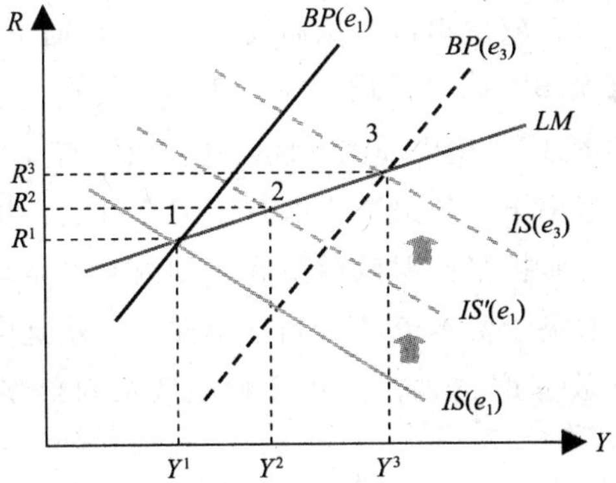

图 6-14a 浮动汇率制下资本账户不完全开放时的财政政策（BP 斜率 > LM 斜率）

（2）当 BP 斜率等于 LM 斜率时，点 2 位于 BP 上，经常账户逆差引起的本币贬值压力等于资本账户顺差引起的本币升值压力。

本币汇率保持不变，国际收支平衡。国内经济在点 2 实现内外长期均衡，国内产出为 Y^2，利率为 R^2，均高于初始均衡点 1（见图 6-14b）。

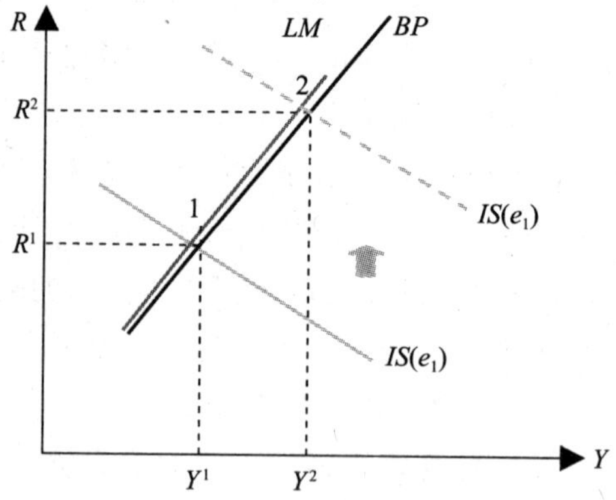

图 6－14b　浮动汇率制下资本账户不完全开放时的财政政策（BP 斜率 = LM 斜率）

（3）当 BP 斜率小于 LM 斜率时，资本流动的利率弹性较大，点 2 在 BP 上方，资本账户顺差引起的本币升值压力大于经常账户逆差引起的本币贬值压力，国际收支顺差。

在浮动汇率制度下，本币升值，本币汇率从 e_1 下降至 e_3（直接标价法）。根据马歇尔—勒纳条件，如果本国进出口需求的价格弹性之和大于 1，本币升值将增加进口，减少出口，从而使 IS′（e_1）向下移至 IS（e_3）。同时，BP（e_1）左移至 BP（e_3），最后在点 3 达到均衡。此时，国内产出增加至 Y^3，利率上升至 R^3，国内经济实现内外长期均衡（见图 6－14c）。

总之，在浮动汇率下，如果资本账户不完全开放，扩张性货币政策能有效促进经济增长；而扩张性财政政策在短期内对经济增长有效，长期内对经济增长的效力取决于资本流动的利率弹性，也就是资本账户开放的程度，且资本账户开放程度越大，扩张性财政政策对经济增长的促进效力越小。

3. 资本账户完全开放：在资本完全开放的条件下，如果中央银行采取扩张性货币政策推进经济增长，LM 向右移动至 LM′，国内利率下降。由于资本账户完全开放，利率下降会瞬时引起国内资本的大量流出，从而使国际收支资本账户产生逆差。在浮动汇率制度下，本币汇率即刻贬值，直接标价法下的本币汇率从 e_1 上升至 e_2。根据马歇尔—勒纳条件，如果本国进出口需求的价格弹性之和大于 1，本币贬值能增加出口，减少进口，从而使 IS（e_1）向上移至 IS（e_2），并在点 2 达到长期均衡。此时，国内产出增加

至 Y^2，国内经济实现内外均衡（见图 6-15）。

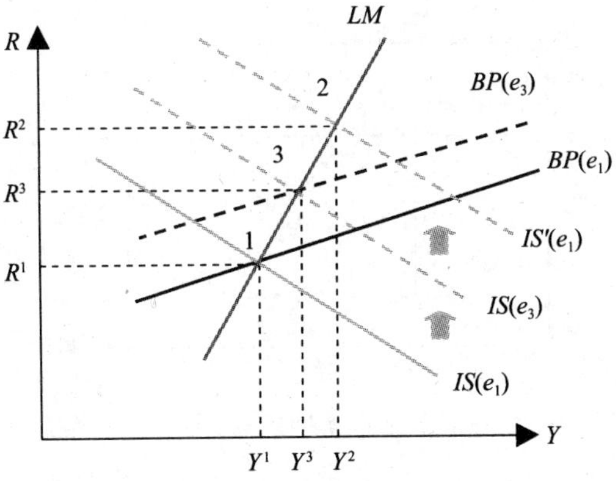

图 6-14c 浮动汇率制下资本账户不完全开放时的财政政策（BP 斜率 < LM 斜率）

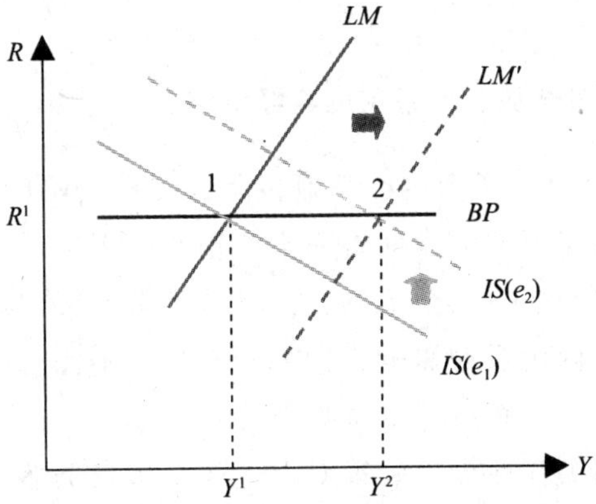

图 6-15 浮动汇率制下资本账户完全开放时的货币政策

假设政府采取扩张性财政政策推进经济增长，IS（e_1）向上移动至 IS′（e_1），均衡从点 1 移动至点 2，此时国内利率上升至 R^2，国民产出增加至 Y^2。在资本账户完全开放的情形下，利率上升会瞬间引起资本流入，从而国际收支的资本账户出现顺差。在浮动汇率制度下会导致本币升值，即直接标价法下的本币汇率从 e_1 下降至 e_2。根据马歇尔—勒纳条件，如果本国进出口需求的价格弹性之和大于 1，本币升值将增加进口，减少出口，从而使 IS′（e_1）向下移至 IS（e_2），即 IS 回到原来的位置，国内经济在点 1 恢复长期内外均衡，此时国内利率为 R^1，产出为 Y^1（见图 6-16）。

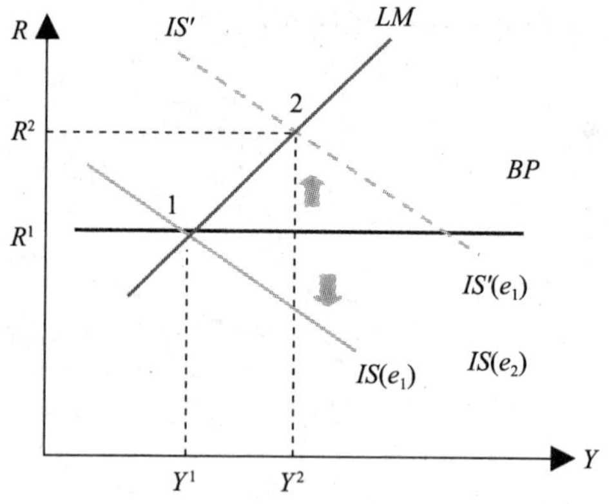

图 6－16　浮动汇率制下资本账户完全开放时的财政政策

概括而言，在浮动汇率下，如果资本账户完全开放，扩张性货币政策对促进经济增长具有显著效果，而扩张性财政政策对促进经济增长完全不具备效力。

（三）资本账户开放、汇率制度与经济增长

1. 固定汇率制度。在固定汇率制度下，无论资本账户开放程度如何，长期内中央银行维持汇率的责任将完全冲销其运用货币政策调节经济增长的独立性：如果资本账户完全管制，扩张性货币政策在短期内对经济增长有一定影响，长期内则没有影响；如果资本账户不完全开放，扩张性货币政策在短期内对经济增长有一定调控能力，但效力小于资本账户完全管制下的情形，长期内扩张性货币政策对促进经济增长仍然没有作用；如果资本完全开放，扩张性货币政策无论是短期还是在长期内对经济增长均无效果。

扩张性财政政策在固定汇率制下促进经济增长的有效性随着资本账户的开放程度的提高而逐渐增强：当资本账户完全管制时，扩张性财政政策对经济增长无效果；当资本账户不完全开放时，扩张性财政政策推进经济增长的效力取决于资本账户开放的程度，即 BP 曲线斜率与 LM 曲线斜率的相对位置，BP 曲线斜率相对于 LM 曲线的斜率越小（亦即资本流动的利率弹性越大），财政政策对经济增长的调控效力越强；当资本账户完全开放时，扩张性财政政策对经济增长的效果非常显著。

概括而言，在固定汇率制度下，扩张性货币政策长期内对经济增长无

效，且与资本账户开放程度无关；扩张性财政政策在固定汇率制度下能够推动经济增长，且其效力随着资本账户开放程度的提高而加强。

2. 浮动汇率制度。在浮动汇率制下，无论资本账户开放程度如何，扩张性货币政策都能促进经济增长，并且资本账户开放程度越高，扩张性货币政策对经济增长的推动效力越强：在资本账户完全管制条件下，货币政策对经济增长有一定效力；资本账户不完全开放，货币政策对经济增长比较有效；资本完全开放，扩张性货币政策对促进经济增长效果显著。

在浮动汇率制度下，政府运用扩张性财政政策推动经济增长的政策效果随着资本账户开放程度提高而逐步减弱：当资本账户完全管制时，财政政策对经济增长有显著效果；当资本账户不完全开放时，扩张性财政政策对推动经济增长有效，且效力取决于资本账户开放的程度，即BP曲线斜率与LM曲线斜率的相对位置，BP曲线斜率相对于LM曲线的斜率越小（亦即资本流动的利率弹性越大），财政政策对经济增长的调控效力越小；当资本账户完全开放时，财政政策对经济增长完全无效。

总之，在浮动汇率制度下，无论资本账户开放程度如何，扩张性货币政策对经济增长均有效；而扩张性财政政策在浮动汇率制度下对经济增长的效力随着资本账户开放程度的提高而逐步减弱，直至无效。

三、中国 IS - LM - BP 模型的修正

本小节首先利用1998年1月至2011年4月中国相关宏观经济月度数据，采用EG“两步法”对中国的IS - LM - BP模型实施修正。然后基于修正后的中国IS - LM - BP模型，分析其对人民币国际化推进战略的含义。

（一）变量选择与数据描述

1. 变量选择：由于IS - LM - BP模型是由五个行为方程（6 - 4a ~ c）和两个定义式（6 - 5a ~ b）组成的联立方程组，从中可以归纳出修正中国的IS - LM - BP模型所需的变量及其定义：

消费（C）：定义为中国城镇居民消费支出加上中国农村的居民消费支出；

产出（GDP）：定义为中国国内固定资本形成总额加上存货的增量；

投资（I）：定义为中国国内贷款加上债券，再加上中国利用外资余额、中国外商直接投资、自筹资金、中国企事业单位自有资金、发行股票，以及其他资金；

出口（EX）：为中国商品与服务的当月出口总额；

进口（IM）：定义为中国商品与服务的当月进口总额；

政府支出（G）：定义为中国政府消费支出加上中国政府的预算内投资；

狭义货币（M）：为中国国内的狭义货币量；

名义存款利率（R）：定义为中国国内存款利率减去中国国内的通货膨胀率；

名义汇率（E）：是直接标价法下的人民币汇率，也就是1美元兑换人民币的数量；

国内价格（P）：是中国国内物价指数；

国际价格（P^*）：是美国物价指数；

资本净流出（K）：定义为外国来华直接投资加上国内对外直接投资，再加上对外证券投资和其他投资；

短期国内利率（r）：用银行间市场七天回购移动平均利率来表示；

短期国际利率（r^*）：是美国基准利率；

国内通货膨胀（π）：定义为中国国内物价增长率。

2. 数据描述：

（1）数据来源：上述各变量的原始数据除人民币狭义货币量、人民币名义存款利率和人民币名义汇率的来源为国际货币基金组织（IMF）的国际金融统计数据（IFS）外，其余数据全部来源于winds数据库。

（2）时间跨度：各变量的时间跨度为1998年1月至2011年4月。

（3）数据频率：各变量的数据频率为月度数据。其中消费的原始数据为年度数据，产出和资本净流出的原始数据为季度数据。非月度数据的原始数据先取自然对数，经线性等分后转换成月度数据。

（二）实证方法

1. ADF（Augmented Dickey－Fuller）单位根检验。由于宏观经济的时间序列大多都是非平稳的，如果直接实施回归容易出现“伪回归”。为此，需要首先对各变量实施单位根检验，以确定各变量的平稳性。ADF单位根检验是常见的单位根检验方法，如果一个变量能通过 ADF 单位根检验，表示该变量存在单位根，即不平稳；如果 ADF 单位根检验显示为零阶单整 I（0），则该变量为平稳序列。

2. Engle & Granger 协整分析。从计量经济学的角度来看，在某一经济系统中，一些经济变量会被联系在一起。尽管短期内这些经济变量会因一些随机冲击而偏离均值，但长期内会回到均衡状态，从而这些经济变量之间存在长期均衡关系，这种长期均衡关系的统计学表示就是“协整”。

本书采用 Engle & Granger（1987）提出的，基于回归残差的协整检验，也就是对回归的残差进行单位根检验。Engle & Granger 协整检验的基本思想是：如果因变量和自变量存在协整关系，那么因变量就能被自变量的线性组合解释。因此，因变量不能被自变量解释的部分应该是一个平稳的残差序列。从而检验因变量与自变量之间的是否存在协整关系，等价于检验回归方程的残差是否是一个平稳序列。Engle & Granger 协整检验分为两个步骤：

第一步，假设 n+1 个同阶单整序列 $x^{x_1, x_2, \cdots, x_m}$，首先用 x 对 x_1，$x_2 \cdots x_m$ 作 OLS 回归，回归方程为：

$$x_t = \beta_0 + \beta_1 x_{1t} + \beta_2 x_{2t}, \cdots, + \beta_m x_{mt} + \varepsilon_t, \ t = 1, 2, \cdots, T \qquad (6-6)$$

得到模型（6-6）的残差，

$$\varepsilon_t = x_t - \alpha - \beta_1 x_{1t} - \beta_2 x_{2t} -, \cdots, -\beta_m x_{mt}$$

第二步，检验残差序列 ε_t是否含有单位根，通常用 ADF 检验结果残差序列 ε_t是否平稳。如果残差序列 ε_t是平稳的，那么回归方程（6-6）中 n+1 个同阶单整序列（$x^{x_1, x_2, \cdots, x_m}$）之间存在协整关系。假如这些变量是同一经济体系中的经济指标，那么这些变量之间存在长期均衡关系，并且协整向量为（β_0，$-\beta_1$，$-\beta_2$，…，$-\beta_m$），其中，$\beta_0 = 1$；如果残差序列 ε_t不平稳的，那么向量（$x^{x_1, x_2, \cdots, x_m}$）之间不存在协整关系。假如这些变量是同一经济体系中的经济指标，那么这些变量之间不存在长期均衡关系。

（三）中国 IS-LM-BP 模型的修正结果

接下来采用 EG“两步法”对 1998 年 1 月至 2011 年 4 月中国的宏观数据对中国的 IS-LM-BP 模型实施修正，所用软件为 Eview6。

1. 中国 IS 曲线的修正。

（1）中国的消费函数。假设中国消费函数为：

$$C_t(Y) = \alpha'_c + \beta'_c Y_t + \varepsilon'_c \quad (6-7a)$$

首先对回归变量消费（C）及产出（Y）实施 ADF 单位根检验，结果见表 6 - 1a。

表 6 - 1a　　中国消费函数变量的 ADF 单位根检验

变量	C	GDP
ADF 统计值	-12.3693	-8.2319
单整	I（2）	I（2）

注：5%置信度的临界值为 -1.9430；10%置信度临界值为 -1.6153。

由于消费（C）及产出（Y）同为二阶单整 I（2），因此可以对中国消费函数（6 - 7a）进行 OLS 回归，结果汇报见表 6 - 1b。

表 6 - 1b　　中国消费函数的回归结果

变量	相关系数	标准差	t - 统计量	概率
GDP	0.317725	0.001458	217.9584	0.0000
C	13288.91	347.9908	38.18754	0.0000
R^2	0.996748	自变量平均值	80377.88	
调整的 R^2	0.996727	自变量标准差	35553.51	
回归标准差	2034.060	Akaike 信息准则值	18.08611	
样本	1998M01 2011M01	Schwarz 信息准则值	18.12505	
观测值	调整后 157	DW 值	0.193043	
残差平方和	6.41E+08	F - 统计值	47505.85	
对数似然值	-1417.760	F - 统计值的 P 值	0.000000	

对（6 - 7a）方程回归后的残差实施 ADF 检验，结果显示残差平稳（见表 6 - 1c），表明消费与收入之间存在协整（即长期均衡关系）。将回归所获相关参数的拟合值代入拟合方程，可以得到中国消费函数的拟合式：

$$C_t = 13288.91 + 0.317725Y_t \quad (6-7b)$$

表 6-1c　　基于中国消费函数回归残差的 ADF 检验

ADF 检验统计值	-2.783232	临界值（1% 置信度）	-2.579870
		临界值（5% 置信度）	-1.942883
		临界值（10% 置信度）	-1.615351

（2）中国的投资函数。假设中国投资函数为：

$$I_t(Y, R) = \alpha'_i + \beta'_t Y_t - \delta'_i R_t + \varepsilon'_t \qquad (6-8a)$$

首先对回归变量投资（I）、产出（Y）及利率（R）实施 ADF 单位根检验，结果见表 6-2a。ADF 单位根检验结果显示：产出（Y）及利率（R）均为二阶单整 I（2），投资为一阶单整 I（1）。

表 6-2a　　中国投资函数变量的 ADF 单位根检验

变量	I	GDP	R
ADF 统计值	-2.7953	-8.2319	-8.0272
单整	I（1）	I（2）	I（2）

注：5% 置信度的临界值为 -1.9430；10% 置信度临界值为 -1.6153。

根据 EG"两步法"的理论原理，两个同阶单整自变量的线性组合可以降低因变量的阶数，因此可以实施协整分析。对中国投资函数（6-8a）进行 OLS 回归，结果见表 6-2b。

表 6-2b　　中国投资函数的回归结果

变量	相关系数	标准差	t-统计量	概率
C	-49699.16	5889.726	-8.438279	0.0000
GDP	0.611869	0.014140	43.27068	0.0000
R	-3925.737	2045.414	-1.919287	0.0568
R^2	0.925861	自变量平均值	67849.35	
调整的 R^2	0.924879	自变量标准差	68567.85	
回归标准差	18793.26	Akaike 信息准则值	22.53967	
样本	1998M02 2010M11	Schwarz 信息准则值	22.59883	
观测值	调整后 154	DW 值	0.142686	
残差平方和	5.33E+10	F-统计值	942.8528	
对数似然值	-1732.555	F-统计值的 P 值	0.000000	

对回归后的残差实施 ADF 检验，结果显示残差平稳（见表 6－2c）。

表 6－2c　　基于中国投资函数回归残差的 ADF 检验

ADF 检验统计值	－5.229659	临界值（1%置信度）	－2.580366
		临界值（5%置信度）	－1.942952
		临界值（10%置信度）	－1.615307

残差检验的结果表明，投资与收入和利率之间存在协整关系，即长期均衡关系。

将回归所获的相关参数的拟合值代入中国的投资函数，可以得到中国投资函数拟合式为：

$$I_t = -49699.16 + 0.611869Y_t - 3925.737R_t \qquad (6-8b)$$

（3）中国的净出口函数。由于中国实施出口导向的经济战略，并实施一系列鼓励出口政策，例如，出口退税等，这些政策对出口产生巨大影响，因此，本书将出口看作外生变量，仅对进口函数进行拟合。假设中国进口函数为：

$$IM_t\left(Y,\ \frac{EP^*}{P}\right) = \beta'_{im}Y_t - \delta'_{im}\cdot\left(\frac{EP^*}{P}\right)_t + \varepsilon'_{im} \qquad (6-9a)$$

表 6－3a　　中国进口函数变量的 ADF 单位根检验

变量	IM	GDP	REER
ADF 统计值	－5.8783	－8.2319	－3.6711
单整	I（2）	I（2）	I（2）

注：5%置信度的临界值为－1.9430；10%置信度临界值为 －1.6153。

首先对回归变量进口（IM）、产出（Y）及实际汇率（REER）实施 ADF 单位根检验，结果见表 6－3a。

表 6－3b　　中国进口函数的回归结果

变量	相关系数	标准差	t－统计量	概率
GDP	0.002943	5.97E－05	49.28327	0.0000
REER	－13.15305	1.827480	－7.197373	0.0000
R^2	0.930215	自变量平均值	517.9301	
调整的 R^2	0.929765	自变量标准差	348.7612	
回归标准差	92.42853	Akaike 信息准则值	11.90341	

续表

变量	相关系数	标准差	t-统计量	概率
样本	1998M01 2011M01	Schwarz 信息准则值	11.94234	
观测值	调整后 157	DW 值	0.632518	
残差平方和	1324170	对数似然值	-932.4173	

由于各变量均为二阶单整 I（2），对中国进口函数式（6-9a）实施 OLS 回归，结果见表 6-3b。对回归后的残差实施 ADF 检验，结果显示残差平稳（见表 6-3c），表明进口与收入和实际汇率之间存在协整关系，即长期均衡关系。可知，中国净出口函数的拟合式为：

$$NX_t = EX_t - 0.002943Y_t - 13.15305\left(\frac{EP^*}{P}\right)_t \quad (6-9b)$$

表 6-3c　　基于中国进口函数回归残差的 ADF 检验

ADF 检验统计值	-3.003822	临界值（1% 置信度）	-2.581120
		临界值（5% 置信度）	-1.943058
		临界值（10% 置信度）	-1.615241

（4）修正后的中国 IS 曲线：将拟合式（6-7b）、式（6-8b）、式（6-9b）代入国民收入恒等式，可以得到：

$$Y_t = 13288.91 + 0.317725Y_t - 49699.16 + 0.611869Y_t - 3925.737R_t + G_t + EX_t - 0.002943Y_t - 13.15305\left(\frac{EP^*}{P}\right)_t$$

整理后得到中国的 IS 曲线为：

$$R = -1.87\times10^{-5}Y_t - \frac{1}{3925.737}\left[36410.25 + 13.15305\left(\frac{EP^*}{P}\right)_t - G_t - EX_t\right] \quad (6-10)$$

可见，中国 IS 曲线是一条斜率为负的曲线。

2. 中国 LM 曲线的修正。假设中国的货币需求函数为：

$$M_t(Y, R) = \beta'_m Y - \delta'_m R_t + \varepsilon'_m \quad (6-11a)$$

表 6-4a　　中国货币需求函数变量的 ADF 单位根检验

变量	M	GDP	R
ADF 统计值	-3.5477	-8.2319	-8.0272
单整	I（2）	I（2）	I（2）

注：5% 置信度的临界值为 -1.9430；10% 置信度临界值为 -1.6153。

首先对回归变量狭义货币量（M）、产出（Y）及利率（R）实施 ADF 单位根检验，结果见表 6－4a。

然后，对中国货币需求函数（6－11a）进行 OLS 回归，结果见表 6－4b。

表 6－4b　　中国货币需求函数的回归结果

变量	相关系数	标准差	t－统计量	概率
GDP	0.545790	0.004848	112.5734	0.0000
R	－4181.154	420.3262	－9.947404	0.0000
R^2	0.985822	自变量平均值	102350.5	
调整的 R^2	0.985729	自变量标准差	59818.18	
回归标准差	7146.000	Akaike 信息准则值	20.59931	
样本	1998M01 2010M11	Schwarz 信息准则值	20.63858	
观测值	调整后 155	DW 值	0.159223	
残差平方和	7.81E＋09	对数似然值	－1594.447	

最后，对回归后的残差实施 ADF 检验，结果显示残差平稳（见表 6－4c），表明货币需求与收入和利率之间存在协整关系，即长期均衡关系。

表 6－4c　　基于中国货币需求函数回归残差的 ADF 检验

ADF 检验统计值	－1.900089	临界值（1% 置信度）	－2.580065
		临界值（5% 置信度）	－1.942910
		临界值（10% 置信度）	－1.615334

根据回归所获的拟合值可以得到中国货币需求函数的拟合式，即中国 LM 曲线方程为：

$$M_t = 0.54579Y_t - 4181.154R_t \qquad (6-11b)$$

方程（6－11b）求全微分后可以得到：

$$\frac{dR_t}{dY_t} = \frac{0.545790}{418115} = 1.31 \times 10^{-7} > 0 \qquad (6-12)$$

可见，中国 LM 曲线是一条斜率为正的曲线。

3. 中国 BP 曲线的修正。假设资本净流出函数为：

$$K_t(r) = \kappa(r^* - r) + \varepsilon'_t \qquad (6-13a)$$

首先对回归变量资本净流出（K）以及国内外利差（$r^* - r$）实施 ADF 单位根检验，结果见表 6－5a。

表 6－5a　　中国资本净流出函数变量的 ADF 单位根检验

变量	K	$r^* - r$
ADF 统计值	－8.0598	－3.9748
单整	I（1）	I（1）

注：5% 置信度的临界值为－1.9430；10% 置信度临界值为 －1.6153。

然后对中国资本净流出函数（6－13a）实施 OLS 回归，结果见表 6－5b。

表 6－5b　　中国资本净流出函数的回归结果

变量	相关系数	标准差	t－统计量	概率
RR^2	8.530756	12.19618	0.699461	0.4853
R^2	－0.538930	自变量平均值	－201.2782	
调整的 R^2	－0.538930	自变量标准差	273.8329	
回归标准差	339.6996	Akaike 信息准则值	14.50031	
样本	1998M03　2011M04	Schwarz 信息准则值	14.51969	
观测值	调整后 158	DW 值	0.100752	
残差平方和	18117146	对数似然值	－1144.524	

最后，对回归后的残差实施 ADF 检验，结果显示残差平稳（见表 6－5c），表明资本净流出与国内外利差之间存在协整关系，即长期均衡关系。

根据回归所获相关参数的拟合值，可以得到中国资本净流出的拟合式为：

$$K(r) = 8.530756(r^* - r) \quad (6-13b)$$

表 6－5c　　基于中国资本净流出函数回归残差的 ADF 检验

ADF 检验统计值	－3.291848	临界值（1% 置信度）	－2.579870
		临界值（5% 置信度）	－1.942883
		临界值（10% 置信度）	－1.615351

当资本净流出等于净出口时，国际收支平衡，代入中国净出口函数拟合式，经整理得到中国 BP 曲线方程为：

$$r_t = 3.45 \times 10^{-4} Y_t + \frac{1}{8.530756}\left[8.530756 r_t^* + 13.15305 \left(\frac{EP^*}{P}\right)_t - EX_t\right] \quad (6-14)$$

由此可见，中国 BP 曲线是一条斜率为正的曲线，且 BP 曲线的斜率大于 LM 曲线。

将中国的 IS′曲线（6－8）、LM 曲线（6－12）和 BP 曲线（6－14）放入同一 R—Y 坐标系，可以得到修正后的中国 IS－IM－BP 模型（见图 6－17）。

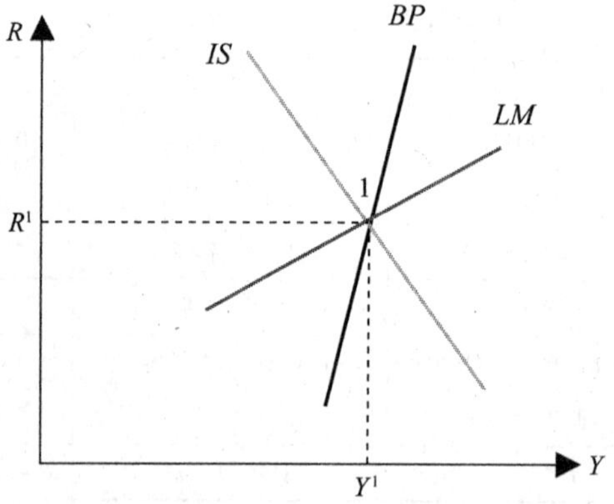

图 6－17　中国的 IS－LM－BP 模型

四、修正后中国 IS－LM－BP 模型的政策含义

（一）中国 IS－LM－BP 模型的特点

从图 6－17 可以看到，中国的 IS－LM－BP 模型与经典模型基本相符，表明中国各宏观经济变量间的关系已经具备市场经济的基本规律。但与经典模型相比，中国的 IS－LM－BP 模型具备以下两个突出的特点：

1. 中国的 IS 曲线较 LM 曲线更为陡峭，即 IS 曲线的利率弹性小。这一情形主要源于三个方面的中国现实：一是我国实施利率管制，商业银行存贷款利率的上下限都被严格限制；二是我国是政府主导的投资，投资主要受政府宏观调控目标的影响，对利率并不敏感；三是由于我国消费制度、再分配制度不健全，教育、住房、医疗等保障制度不完善，居民边际消费倾向偏低，储蓄对利率不敏感。

2. 中国 BP 曲线较 LM 曲线更为陡峭，即 BP 曲线的利率弹性小，也就是我国资本流动的利率弹性很小，这反映了人民币资本账户严厉管制的现实：目前我国国际收支资本账户主要包括外国直接投资和政府外债两个部分组成，并且两部分的资本流动对利率变化均不敏感：外国直接投资的大小主要由我国资本账户开放程度以及外国对我国经济发展的预期决定，而外债规模则由政府严格控制。

（二）修正后中国 IS－LM－BP 模型的政策含义

根据上述 IS－LM－BP 模型比较静态分析的结论，在修正后中国 IS－LM－BP 模型的基础上，可以对人民币国际化在汇率制度安排、维持经济持续增长，以及资本账户开放等多重推进战略目标的选择与配合方面进行如下分析：

1. 如果人民币选择固定汇率制，那么中央银行将完全丧失其利用货币政策调节经济增长的独立性，长期内调节经济增长只能依靠政府的财政政策。在严格的资本账户管制下（BP 曲线较 LM 曲线更为陡峭），财政政策对经济增长的调节能力有限。随着资本账户的开放，政府的扩张性财政政策对经济增长的调节效力会逐步加强。因此，人民币国际化的推进战略的这种组合能够保持人民币汇率稳定，但中央银行货币政策独立性将完全丧失。此外，政府还需要在经济增长与资本账户开放之间作出平衡与选择。

2. 如果人民币选择浮动汇率制度，中央银行将完全获得运用货币政策调控经济增长的独立性。在严格的资本账户管制下（BP 曲线斜率大于 LM 曲线的斜率），扩张性财政政策对经济增长有显著效果。但随着资本账户的开放，扩张性财政政策调节经济增长的效力会下降。人民币国际化的这种推进战略搭配能确保中央银行货币政策的独立性，但却难以保证人民币汇率稳定。此外，资本账户开放与经济增长之间也存在一定程度的替代关系，需要政府作出权衡。

概括而言，修正后的中国 IS－LM－BP 模型的政策含义是：在人民币国际化初期，汇率制度安排宜于选择人民币管理浮动汇率制度。待人民币国际化积蓄一定能量后，才能完全开放人民币资本账户。

第二节　基于VAR模型的动态分析

本节建立向量自回归（Vector Auto - regression，VAR）模型系统，通过格兰杰因果检验（Granger Causality Test），脉冲响应函数（Impulse Response Function）以及方差分解（Variance Decomposition）等计量技术对人民币国际化各项推进战略之间的联动关系实施全面的动态分析，并在此基础上进一步推导出其对人民币国际化推进战略选择的含义。

一、VAR的理论模型

C. A. Sims（1980）提出VAR模型，通过将系统内每一内生变量作为系统内全部内生变量滞后项的函数来构筑模型，能估计系统内所有内生变量之间的动态关系，并能预测分析系统内时间序列变量之间相互联动的发展关系以及各自变量对对方的动态影响过程。

（一）VAR模型的数学表达式

一般地，m维内生时间序列变量，且无外生变量的VAR（p）模型的数学表达式为：

$$X_t = \Pi_1 X_{t-1} + \Pi_2 X_{t-2} + \cdots + \Pi_p X_{t-p} + \mu,\ t = 1,\ 2,\ \cdots,\ T \qquad (6-15)$$

式（6-15）中，X_t 是 $m \times 1$ 维内生变量的时间序列；p是滞后阶数；T是样本个数；Π_1，Π_2，…，Π_p 分别是 $m \times m$ 维待估系数矩阵；μ_t 是 $m \times 1$ 维随机扰动列向量，各随机扰动项之间可以同期相关，但与自身滞后项以及等式右边的时间序列变量不相关。即随机扰动项 μ_t 是向量白噪声序列（White Noise）。如果 μ_t 的协方差矩阵 Ω 是 $m \times m$ 维正定矩阵，则 $E\mu_t = 0$，$E\mu_t\mu'_\tau = \begin{cases} \Omega, & t = \tau \\ 0, & t \neq \tau \end{cases}$，且 μ_t 与 X_{t-1}，…，X_{t-p} 不相关。由于VAR模型的随机扰动项 μ_t 是向量白噪声序列，运用OLS可以得到一致的估计。

（二）VAR 模型的平稳性条件

（6－1）式也可以写成$\Pi(L)X_t=\mu_t$，其中，$\Pi(L)=I_m-\Pi_1L-\Pi_2L^2$，…，$-\Pi_pL^p$；L 为 m×m 维滞后算子。VAR 模型（6－1）的平稳性条件为行列式 det［$\Pi(L)$］的根全部落在单位圆内。

（三）VAR 模型的滞后阶数选择

VAR 模型一个重要问题就是滞后阶数的选择，其基本思想是通过寻找最优滞后阶数使 VAR 模型的随机扰动项μ_t服从向量白噪声过程。常用的滞后阶数选择方法包括 LR（Likelihood Ratio）检验法，以及 AIC（Akaike Information Criterion）信息准则和 SC（Schwarz Criterion）准则：

1. LR 检验法是通过比较不同滞后阶数所对应的似然函数来选择最优滞后阶数的方法。如果原假设H_0为 i 期滞后阶数系数阵Π_i的元素均为 0；备择假设H_1为Π_i至少有一个元素显著不为 0。那么，LR 统计量为：$LR=(T-k)\{\ln|\Omega_{i-1}|-\ln|\Omega_i|\}\sim\chi^2(k^2)$，其中，k = mi，m 是内生变量的个数；$\Omega_{i-1}$和$\Omega_i$分别表示滞后数为 i－1 和 i 的 VAR 模型的残差协方差矩阵的估计：$|\Omega_i|=\det(\frac{1}{T-k_t}\sum\mu_t\mu_t)$。

2. AIC 信息准则和 SC 准则是通过不同信息准则来判断最优滞后阶数的方法。不含截距项的 VAR（p）的 AIC 和 SC 统计量分别为：$AIC=\ln|\Omega|+\frac{2pm^2}{T}$和$SC=\ln|\Omega|+\frac{pm^2\ln(T)}{T}$。最优滞后项的选择标准是使 AIC 和 SC 达到最小值时的滞后期数 p。

（四）Granger 因果检验

Granger 因果检验由 Clive. W. J. Granger（1969）提出，其基本思想是：如果两个变量之间存在因果关系，那么原因应该在前、结果在后。因此，如果先发生的事情能提高后发生事情的预测精度，就可以认为先发生事情是后发生事情的 Granger 原因。假设 Granger 因果检验的 VAR 模型为：

$$X_t=\sum_{i=1}^{p}\Pi_iX_{t-i}+\sum_{j=1}^{q}\Phi_jZ_{t-j}+\mu_{t1} \tag{6-16}$$

Granger 因果检验的零假设 H_0：$\Phi_1=\Phi_2=,\cdots,=\Phi_q=0$，即 z 不是 x 的 Granger 原因。若 H_0成立，则有：

$$X_t=\sum_{i=1}^{p}\prod{}_i X_{t-i}+\mu_{t0} \tag{6-17}$$

若式（6-16）和式（6-17）的残差平方和分别为 SSE_1 和 SSE_0，则 Granger 因果检验可以通过 F 统计量 $F=\frac{(SSE_1-SSE_0)/q}{SSE_0/(T-p-q-1)}\sim F(q,T-p-q-1)$ 来实现：如果 F 统计量 > 临界值，则拒绝零假设 H_0，即 z 是 x 的 Granger 原因；若 F 统计量 < 临界值，则不能拒绝零假设 H_0，意味着 z 不是 x 的 Granger 原因。

（五）脉冲响应函数

脉冲响应函数用于捕捉 VAR 模型的内生变量对误差扰动项一个单位（或标准差）的冲击在当前及未来复杂的全部动态影响路径。

设 m 维内生变量的 VAR（p）模型为 $X_t=(I_m-\prod_1 L-\prod_2 L^2,\cdots,-\prod_p L^{p-1})\mu_t$，$(t=1,2,\cdots,T)$。VAR（p）模型可以表示为一个 VMA（∞）过程，

$$X_t=(I_m-\Theta_1 L-\Theta_2 L^2\cdots)\mu_t,\ t=1,2,\cdots,T \tag{6-18}$$

脉冲响应函数定义为式（6-18）系数矩阵 Θ_q 的第 i 行、第 j 列元素 $\theta_{ij}^q=\frac{\partial x_{i,t+q}}{\partial \mu_{jt}}$，$(q=0,1,2,\cdots,t=1,2,\cdots,T)$。脉冲响应函数 $\theta_{ij}^q=\frac{\partial x_{i,t+q}}{\partial \mu_{jt}}$ 表示在基期 t，当其他误差扰动项不变，且其他时期的误差扰动项均为常数时，增加一个单位的第 j 个变量的误差扰动项 μ_{jt}所引起的 $x_{i,t+q}$的响应。累计脉冲响应函数（Accumulate Impulse Response Function）则表示为 $\sum_{q=0}^{\infty}\theta_{ij}^q$。

（六）方差分解

C. A. Sims（1980）基于 VMA（∞）提出了方差分解技术，用于分析每一个误差扰动项的冲击对系统内以方差表示的内生变量变化的贡献度，并进一步评价不同冲击的相对重要性。

方差分解的基本思想如下：假设 m 维内生变量 VAR（p）模型的 VMA（∞）表达式为：

$$x_{ij} = \sum_{j=1}^{m} (\theta_{ij}^{0}\mu_{j,t} + \theta_{ij}^{1}\mu_{j,t-1} + \theta_{ij}^{2}\mu_{j,t-2} + \theta_{ij}^{3}\mu_{j,t-3} + \cdots), i = 1,2,\cdots,m; t = 1,2,\cdots,T$$

因为 μ_j 无序列相关，VAR 模型第 j 个误差扰动项 μ_j 对第 i 个内生变量 x_i 自当前时点到无限过去全部影响的方差为：

$$E[(\theta_{ij}^{0}\mu_{j,t} + \theta_{ij}^{1}\mu_{j,t-1} + \theta_{ij}^{2}\mu_{j,t-2} + \theta_{ij}^{3}\mu_{j,t-3} +, \cdots)^2] = \sum_{q=0}^{\infty} (\theta_{ij}^{q})\sigma_{ij}$$

其中，$i,j = 1,2,\cdots,k$。如果误差扰动项 μ_t 的协方差矩阵 Ω 是对角矩阵，则内生变量 x_t 的方差为：$var(x_i) = \sum_{j=1}^{k} \{ \sum_{q=0}^{\infty} (\theta_{ij}^{g})^2 \sigma_{jj} \}, i = 1,2,\cdots,k$

为了测度各误差扰动项对内生变量 x_t 方差的相对方差贡献率（Relative Variance Contribution，RVC），定义 RVC 作为测度各扰动项对 x_i 的方差有多大贡献度的尺度：

$$RVC_{j\to i}(\infty) = \frac{\sum_{q=0}^{\infty} (\theta_{ij}^{q})^2 \sigma_{jj}}{\sum_{j=1}^{k} \{ \sum_{q=0}^{\infty} (\theta_{ij}^{q})^2 \sigma_{jj} \}}, i,j = 1,2,\cdots,k$$

对于平稳的 VAR 模型，随着 q 增加，θ_{ij}^{q} 会呈几何数量级衰减，因此，取 VAR 模型前 s 期的预测误差，可以得到近似相对方差贡献率为：

$$RVC_{j\to i}(s) = \frac{\sum_{q=0}^{s-1} (\theta_{ij}^{q})^2 \sigma_{jj}}{\sum_{j=1}^{k} \{ \sum_{q=0}^{s-1} (\theta_{ij}^{q})^2 \sigma_{jj} \}}, i,j = 1,2,\cdots,k$$

$RVC_{j->i}$（s）大，可以认为第 j 个内生变量对第 i 个内生变量的影响大；$RVC_{j->i}$（s）小，则意味着第 j 个内生变量对第 i 个内生变量的影响小。

二、VAR 模型的系统设定

VAR 模型的系统设定主要涉及变量选择、数据平稳性检验，以及滞后阶数确定等三方面问题。

（一）变量选择与样本描述

本节采用无外生变量的 VAR 模型，模型内包括经济增长、汇率稳定与资本账户开放等三个相互联动的内生变量。中国经济规模的代理变量选定为中国的GDP、人民币汇率的代理变量选定为人民币名义有效汇率，人民币资本账户开放程度的代理变量则选择The Fraser Institution的中国资本市场开放评分（见表4-9）。各变量的统计描述见表6-6。

表6-6　　VAR模型变量的统计描述

	中国GDP①	人民币名义有效汇率②	中国资本市场开放评分③
均值	11.28231	106.8077	0.488019
中值	11.32193	105.5580	0.507176
最大值	12.73935	120.7880	0.602060
最小值	9.770030	96.65800	0.340775
标准差	0.744781	5.526351	0.079430
偏度	-0.122326	0.565626	-0.392642
峰度	2.414093	2.837147	1.935613
Jarque-Bera检验	0.823081	2.666935	3.572079
概率	0.662629	0.263562	0.167623
总和	552.8331	5233.579	23.91293
偏差的平方和	26.62555	1465.946	0.302837
观测值	49	49	49

注：①中国GDP数据取自然对数；②人民币名义有效汇率；③中国资本市场开放评分取自然对数。

其中，中国GDP的数据来源为winds数据库的季度数据、人民币名义有效汇率的数据来源是IFS（International Financial Statistics）的季度数据、人民币资本账户开放的数据来源是加拿大The Fraser Institution研究所公布的年度数据。[①] 样本的时间跨度为1998年3月到2010年3月，三个变量各自有49个观测值。

（二）数据平稳性检验

由于本章分析人民币国际化推进战略之间的短期互动关系，因此必须选用平稳数据，如果数据不平稳则必须通过差分或其他手段使其换转成对

① 资本账户开放原始数据频率是年度数据，经线性等分后转换成季度数据。

应的平稳数据。三个内生变量的平稳性检验结果如表 6 -7 所示。

表 6 -7　　　　VAR 变量的 ADF 检验

变量	ADF 检验值	1% 临界值	5% 临界值	10% 临界值	P 值	平稳性
LY	-1.812457	-4.186481	-3.518090	-3.189732	0.6813	I (1)
DLY	-3.980030	-4.198503	-3.523623	-3.192902	0.0173	I (0)
NEER	-2.132238	-4.165756	-3.508508	-3.184230	0.5149	I (1)
VOLNG	-5.121709	-3.577723	-2.925169	-2.600658	0.0001	I (0)
LOGZB	-1.569526	-3.577723	-2.925169	-2.600658	0.4900	I (1)
DLOGZB	-2.628051	-2.615093	-1.947975	-1.612408	0.0097	I (0)

1. 经济增长。首先对取对数后的中国 GDP 数据作 ADF 单位根检验，结果显示，取对数后的中国 GDP 数据（LY）存在单位根，即 LY ~ I (1)，可见数据不平稳。对 LY 实施一阶差分后再进行 ADF 单位根检验，结果显示一阶差分后的中国 GDP 数据（DLY）不存在单位根，即 DLY ~ I (0)，数据至此平稳。内生变量 DLY 的含义是中国经济增长速度。DLY 值越大，表示中国经济增长越快；DLY 值越小，表示经济增长速度下降。

2. 汇率波动。首先对人民币名义有效汇率（NEER）实施 ADF 单位根检验，结果揭示，人民币实际有效汇率存在单位根，即 NEER ~ I (1)，因此数据不平稳。为了捕捉人民币汇率波动（抑或人民币汇率稳定），本书对人民币名义有效汇率实施 GARCH (1, 1) 回归，然后将回归所获的条件方差（Conditional Variance）作为人民币汇率波动率的代理变量。对所获的汇率波动率（VOLNG）实施 ADF 单位根检验，结果显示 VOLNG ~ I (0)，即汇率波动率是平稳变量。内生变量 VOLNG 的含义是人民币汇率波动程度，VOLNG 值越大表示人民币汇率波动程度越高，币值越不稳定；VOLNG 值越小，表示人民币汇率波动越小，人民币币值越稳定。

3. 人民币资本账户开放。首先对中国资本市场开放度的评分取对数后作 ADF 单位根检验，结果显示，取对数后的中国资本市场开放度（LOGZB）存在单位根，即 LOGZB ~ I (1)，数据不平稳。对 LOGZB 实施一阶差分后再进行 ADF 单位根检验，结果显示一阶差分后的中国 GDP 数据（DLOGZB）不存在单位根，即 DLOGZB ~ I (0)，数据至此平稳。

内生变量 DLOGZB 的经济含义是中国资本市场的开放速度，DLOGZB 值越大，表示人民币资本账户开放速度越快；DLOGZB 值越小，表示人民币资本账户开放速度越慢。

（三）滞后阶数确定

运用 LR、FPE、AIC、SC 和 HQ 等多种信息准则确定 VAR 模型的滞后期数，一方面可以避免滞后期数太小而影响参数的一致估计，从而不能完整地反映变量之间的动态特征；另一方面也可以防止滞后期数太大所引起的自由度减少，从而影响模型的有效性，降低模型的解释能力，并最终在模型的滞后期数与自由度之间的选择找到某种平衡。由于本节所用样本的数据频率是季度数据，且时间跨度不长，根据 LR、FPE、AIC、SC 和 HQ 等选择标准的综合分析，最优滞后期数确定为 4 期（见表 6－8）。

表 6－8　　VAR 模型最优滞后阶数的确定

滞后阶数	LogL	LR	FPE	AIC	SC	HQ
0	－120.5900	NA	0.055250	5.617726	5.739376	5.662840
1	－49.26458	129.6826	0.003256	2.784753	3.271351	2.965207
2	－25.64474	39.72428	0.001686	2.120215	2.971760	2.436009
3	110.5710	210.5153	5.28e－06	－3.662320	－2.445827	－3.211185
4	154.3180	61.64345*	1.12e－06*	－5.241727*	－3.660286*	－4.655253*

注：*表示 10% 置信域内显著。

三、VAR 模型的实证结果

（一）VAR 模型的估计结果

利用经济计量软件 Eviews7.2 对含 DLY、VOLNG 和 DLOGZB 三个内生变量的 VAR 模型实施分析，估计结果见表 6－9。

表 6-9 VAR 模型的估计结果

	DLOGZB	DLY	VOLNG
DLOGZB (-1)	0.739789 [4.27170]	0.015011 [0.06408]	9.217150 [0.22968]
DLOGZB (-2)	0.000655 [0.00300]	-0.131805 [-0.44637]	-14.17820 [-0.28028]
DLOGZB (-3)	-0.011809 [-0.05400]	-0.648007 [-2.19050] ***	93.74729 [1.84984] *
DLOGZB (-4)	-0.259012 [-1.48987]	0.778342 [3.31000] ***	-89.90407 [-2.23176] ***
DLY (-1)	-0.072322 [-1.12643]	-0.145068 [-1.67047]	18.81651 [1.26478]
DLY (-2)	-0.072115 [-1.12210]	-0.142514 [-1.63944]	18.39994 [1.23556]
DLY (-3)	-0.072323 [-1.12571]	-0.142876 [-1.64414]	18.22756 [1.22439]
DLY (-4)	-0.072139 [-1.12164]	0.857803 [9.86060]	17.27154 [1.15893]
VOLNG (-1)	-0.000258 [-0.37058]	-0.002149 [-2.28368] ***	0.394405 [2.44633]
VOLNG (-2)	-0.000219 [-0.29378]	0.000370 [0.36596]	0.014452 [0.08352]
VOLNG (-3)	-0.000375 [-0.51219]	-0.000915 [-0.92539]	0.164494 [0.97064]
VOLNG (-4)	-0.000169 [-0.24126]	0.003783 [3.98236] ***	-0.068358 [-0.42002]
C	0.012989 [0.95600]	0.014623 [0.79570]	0.475167 [0.15092]

注：[ ] 内的数字表示 t 值；* 表示 10% 置信域区显著。*** 表示 1% 置信域内显著。

对表 6-9 可以进一步作出如下分析：①

第一，资本账户开放一个单位的冲击会在第 1 期后对经济增长有微小正向影响；第 2、第 3 期对经济增长有负向冲击，并在第 3 期使经济增长速度显著下降；第 4 期系数为 0.778342，资本账户开放使经济增长速度显著提

① 内生变量自身的冲击响应此处不作分析。

高。可见资本账户开放会增加经济波动。

第二，资本账户开放一个单位的冲击在第1期后会使汇率波动率加剧，第2期使汇率波动率降低，第3期又使汇率波动率增加，第4期系数为-89.90407，其含义是显著降低了汇率波动率。可见资本账户加速开放会使汇率波动加剧。

第三，汇率波动率一个单位的冲击会在第1期后使经济增长显著下降，第2期后使经济增长上升，第3期后使经济增长下降，第4期又使经济增长上升。换言之，汇率波动会引起经济增长的显著波动。

第四，经济增长的冲击对资本账户开放和汇率波动无显著影响。

VAR的估计结果还可以写成如下回归方程形式：

DLOGZB = 0.739788584405 · DLOGZB(-1) + 0.000655309463057 · DLOGZB(-2) - 0.0118092824364 · DLOGZB(-3) - 0.25901225207 · DLOGZB(-4) - 0.0723217826353 · DLY(-1) - 0.0721151783059 · DLY(-2) - 0.0723229797213 · DLY(-3) - 0.0721386124407 · DLY(-4) - 0.000257840064187 · VOLNG(-1) - 0.000219392420161 · VOLNG(-2) - 0.000374593026736 · VOLNG(-3) - 0.000169445954745 · VOLNG(-4) + 0.0129892183295

DLY = 0.0150107660544 · DLOGZB(-1) - 0.131804961477 · DLOGZB(-2) - 0.648006715275 · DLOGZB(-3) + 0.778342471977 · DLOGZB(-4) - 0.145068414318 · DLY(-1) - 0.142514282827 · DLY(-2) - 0.142876118855 · DLY(-3) + 0.857803265679 · DLY(-4) - 0.00214918051816 · VOLNG(-1) + 0.000369656245453 · VOLNG(-2) - 0.000915434917798 · VOLNG(-3) + 0.00378324184175 · VOLNG(-4) + 0.0146232662828

VOLNG = 9.21714998328 · DLOGZB(-1) - 14.1782016015 · DLOGZB(-2) + 93.7472907278 · DLOGZB(-3) - 89.9040664486 · DLOGZB(-4) + 18.8165129229 · DLY(-1) + 18.3999446714 · DLY(-2) + 18.2275551933 · DLY(-3) + 17.2715381505 · DLY(-4) + 0.394404649813 · VOLNG(-1) + 0.0144522135456 · VOLNG(-2) + 16449366408 · VOLNG(-3) - 0.0683576274844 · VOLNG(-4) + 0.475166570006

VAR 模型的统计检验结果见表 6 - 10，内生变量 DLOGZB、DLY 和 VOLNG 的 R^2值分别为 0.596180、0.999657 和 0.356808，说明该模型对经济增长的解释能力较强，但模型对汇率波动的解释能力较弱。

表 6 - 10　VAR 模型的统计检验

	DLOGZB	DLY	VOLNG
R^2	0.596180	0.999657	0.356808
调整的 R^2	0.439862	0.999525	0.107831
残差平方和	0.006032	0.011035	323.8630
方程标准误差	0.013949	0.018867	3.232212
F-统计量	3.813903	7536.232	1.433093
对数似然值	133.2547	119.9654	-106.3482
赤池信息准则	-5.466123	-4.862062	5.424917
施瓦茨准则	-4.938976	-4.334915	5.952064
因变量标准差均值	-0.003580	0.033656	5.698977
因变量标准差	0.018638	0.865404	3.421969

（二）VAR 模型的稳定性检验

VAR 模型的单位圆特征根图见图 6 - 18，可见全部特征根均落在单位圆内，表明 VAR 模型估计结果是稳定的，说明该模型理论上是成立的。

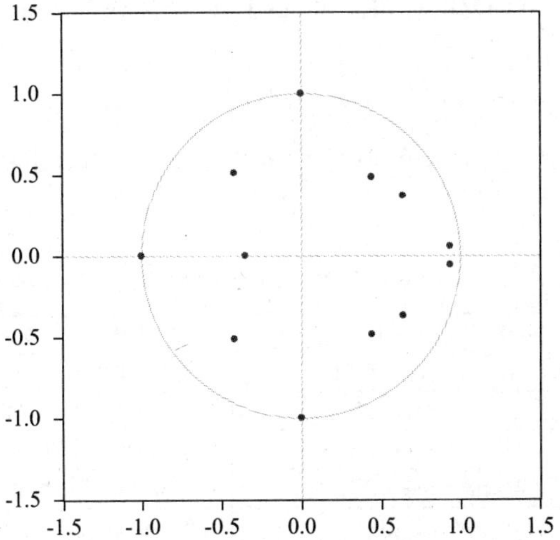

图 6 - 18　VAR 模型特征根的单位圆图

表6-11列出的是VAR模型的全部特征根，可以看到VAR全部特征根的值均小于1，即全部特征根都位于同一单位圆内，VAR模型满足稳定性条件。

表6-11　　VAR模型的特征根

Root	Modulus
-0.999250	0.999250
6.77e-05 - 0.999176i	0.999176
6.77e-05 + 0.999176i	0.999176
10.928697	0.928697
0.731326 - 0.392995i	0.830231
0.731326 + 0.392995i	0.830231
-0.460538 - 0.449027i	0.643211
-0.460538 + 0.449027i	0.643211
0.502096 - 0.387435i	0.634197
0.502096 + 0.387435i	0.634197
-0.243112 - 0.541721i	0.593772
-0.243112 + 0.541721i	0.593772

No root lies outside the unit circle.

VAR satisfies the stability condition.

四、Granger因果关系检验

对内生变量DLOGZB、DLY和VOLNG实施两两Granger因果检验，滞后阶数设定为4阶。

结果揭示：资本账户开放是经济增长的Granger原因；汇率波动是经济增长的Granger原因（见表6-12）。其含义是人民币资本账户加速开放将显著引起经济波动，人民币汇率波动加剧也会显著引起经济波动。

表6-12　　VAR模型的Granger因果检验

原假设	F统计量	概率	结论
经济增长不是资本账户开放的Granger原因	0.17758	0.9485	接受原假设
资本账户开放不是经济增长的Granger原因	2.67002	0.0482	拒绝原假设
汇率波动不是资本账户开放的Granger原因	0.02035	0.9992	接受原假设
资本账户开放不是汇率波动的Granger原因	1.62118	0.1908	接受原假设
汇率波动不是经济增长的Granger原因	4.57931	0.0044	拒绝原假设
经济增长不是汇率波动的Granger原因	1.61597	0.1921	接受原假设

五、脉冲响应函数分析

VAR 模型可以通过脉冲响应函数观察 VAR 系统内某一内生变量的误差扰动项，一个标准差的冲击（脉冲）对自身及其他所有内生变量在当前及所有未来时期产生的全部动态影响。本书采用累积脉冲响应函数来追踪资本账户开放、经济增长和汇率波动等内生变量的动态变化的过程。图 6－19 至图 6－21 是选定变量的累积脉冲响应图①。各累积脉冲响应图的横轴表示冲击作用发生的时间期数、纵轴表示各内生变量在脉冲作用的时间窗口内的反应轨迹，观测冲击的时间窗口则设为 9 期，每期为一个季度，因此，观测冲击反应的时间窗口为 9 个季度。各变量对其他内生变量一个标准差冲击的累积脉冲响应过程描述如下：

（一）汇率波动对一个标准差资本账户开放冲击产生的累积脉冲响应

图 6－19 是汇率波动对一个标准差资本账户开放冲击产生的累积脉冲响应。从图中可以看到，汇率波动率的累积脉冲响应在一个标准差资本账户加速开放冲击后的 1～3 期基本保持不变；3～7 期汇率波动率的累积脉冲响应增加，并在第 4 期到达峰值，即大约增加 1 个标准差；第 4 期后汇率波动率开始下降，并在第 7 期恢复至起始水平。

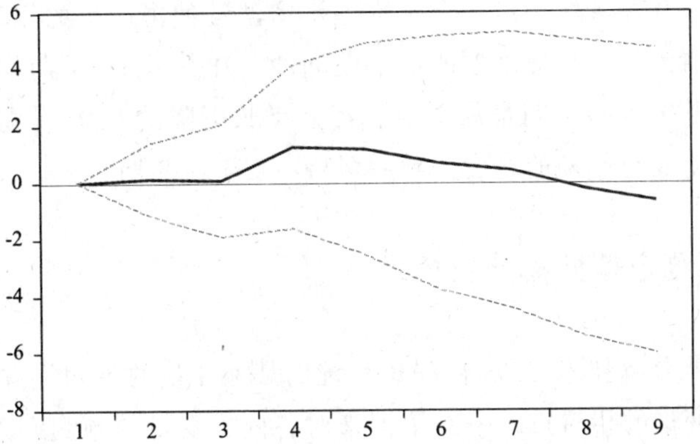

图 6－19　汇率波动对一个标准差资本账户开放的累积脉冲响应

① 本节剔除了内生变量自身以及无响应变量的累积脉冲响应分析。

（二）经济增长对一个标准差资本账户开放冲击产生的累积脉冲响应

图 6－20 是经济增长开放对一个标准差资本账户加速开放冲击产生的累积脉冲响应。图中可见，一个标准差资本账户加速开放的冲击将在第 4 期使经济增长速度降至最低点，即大约降低 0.013 个标准差。第 4～8 期经济增长速度有所增加，并在第 9 期前恢复至原来水平。

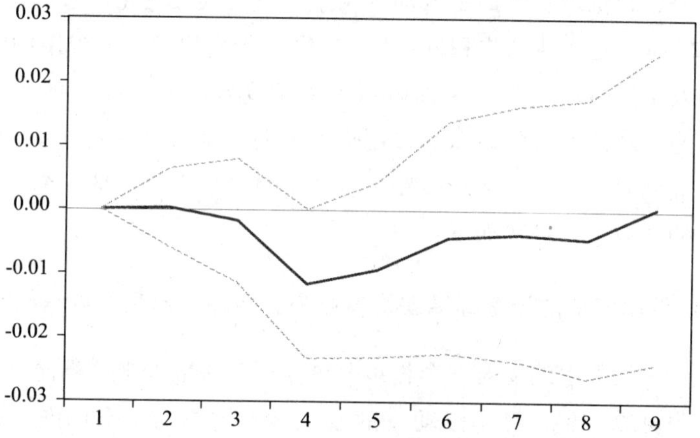

图 6－20　经济增长对一个标准差资本账户开放的累积脉冲响应

（三）经济增长对一个标准差汇率波动冲击产生的累积脉冲响应

图 6－21 是经济增长对一个标准差汇率波动冲击产生的累积脉冲响应。从图中可以看到，一个标准差的汇率波动冲击在其后 1～4 期均会使经济增长率下降，其中，第 4 期是最低点，经济增长下降约 0.01 个标准差，第 5 期经济增长恢复至原来的速度。随后保持不变至第 8 期。

六、预测方差分解分析技术

预测方差分解技术可以将 VAR 系统内某一变量的预测均方差分解成系统内各内生变量的相对贡献率。接下来对各内生变量的预测误差实施分解，乔莱斯基顺序（ Cholesky Ordering）设定为 DLOGZB（资本账户开放）—DLY（经济增长）—VOLNG（汇率波动）。方差分解的结果如下：

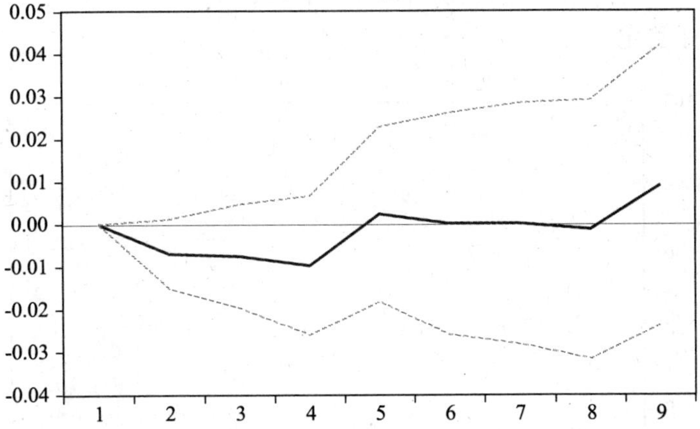

图 6 - 21 经济增长对一个标准差汇率波动的累积脉冲响应

(一) 经济增长（DLY）的方差分解

表 6 - 13 是经济增长变量 DLY 的方差分解表。从表中可以看到，经济增长 0.39% ~18.43% 的波动可以用资本账户开放来解释；0 ~ 19.70% 由汇率波动解释；61.87% ~100% 由经济增长变量自身来解释。

表 6 - 13　　变量 DLY 的方差分解

Period	S. E.	DLOGZB	DLY	VOLNG
1	0.013949	0.393179	99.60682	0.000000
2	0.017351	0.386053	92.39627	7.217681
3	0.018982	1.544472	91.41470	7.040828
4	0.019870	20.92498	72.91369	6.161334
5	0.020029	16.50367	66.80316	16.69317
6	0.020237	19.26837	64.31610	16.41553
7	0.020603	19.01601	64.79870	16.18529
8	0.021007	18.98096	64.80473	16.21431
9	0.021270	18.43059	61.87173	19.69769

图 6 - 22 是经济增长变量 DLY 的方差分解图。从图中可以看出，经济增长自身变量波动的影响逐渐减弱，到第 5 期降至 66.8%；资本账户开放波动的影响逐渐加强，到第 4 期增至 20.92%，然后又逐渐下降，到第 8 期

后稳定在18%左右；汇率波动的影响也逐渐增强，到第5期达到16.69%，此后便趋于稳定。

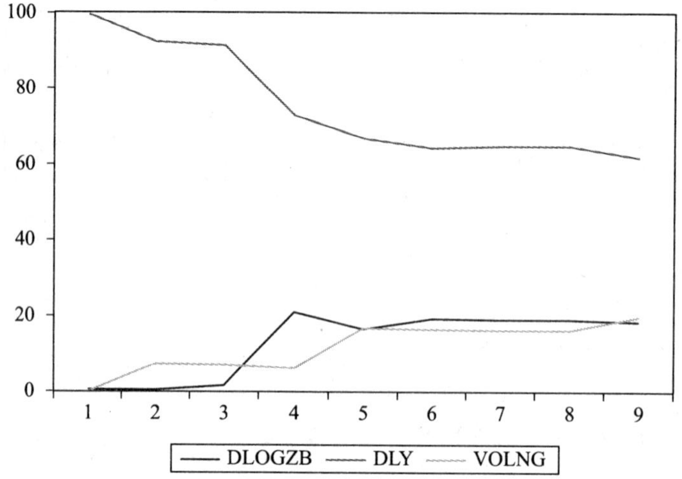

图6-22　变量DLY的方差分解

（二）汇率波动（VOLNG）的方差分解

表6-14是汇率波动变量VOLNG的方差分解表。从表中可以看到，0.15%～15.90%的汇率波动可以用资本账户开放来解释；33.57%～41.94%由经济增长解释；50.52%～60.35%由汇率波动自身解释。

表6-14　　　VOLNG变量的方差分解

Period	S. E.	DLOGZB	DLY	VOLNG
1	0.013949	0.151452	41.94345	57.90510
2	0.017351	0.224325	39.61961	60.15607
3	0.018982	0.233923	39.40987	60.35621
4	0.019870	10.71201	34.70812	54.57988
5	0.020029	10.66186	35.13054	54.20760
6	0.020237	12.05876	34.87140	53.06984
7	0.020603	12.41700	34.84942	52.73358
8	0.021007	14.90263	33.95325	51.14412
9	0.021270	15.90163	33.57635	50.52202

图 6－23 是汇率波动变量 VOLNG 的方差分解图。从图中可以看出，汇率波动自身变量的影响逐渐减弱，到第 4 期降至 54.57%，第 9 期缓慢降至 50.52%；资本账户开放波动的影响在 1～3 期非常微弱，第 4 期后加强至 10.71%，随后逐渐稳定到 15.90%；经济增长对汇率波动的影响则逐渐减弱，第 1 期为 41.94%，到第 4 期下降至 34.70%，此后便趋于稳定。

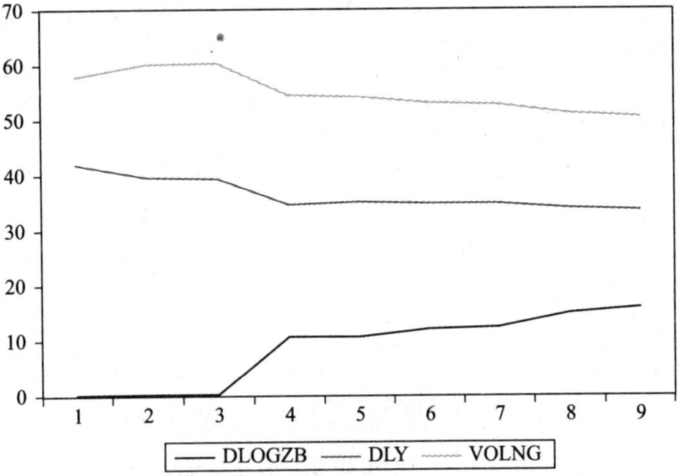

图 6－23　VOLNG 变量的方差分解

（三）资本账户开放（DLOGZB）的方差分解

表 6－15 是汇率波动变量 DLOGZB 的方差分解表。从表中可以看到，0～3.51% 的汇率波动可以用经济增长来解释；0～2.61% 的汇率波动由经济增长解释；93.86%～100% 的汇率波动由资本账户开放变量自身来解释。

表 6－15　　　　变量 DLOGZB 的方差分解

Period	S. E.	DLOGZB	DLY	VOLNG
1	0.013949	100.0000	0.000000	0.000000
2	0.017351	99.64191	0.224501	0.133594
3	0.018982	98.85210	0.823020	0.324875
4	0.019870	97.79731	1.372013	0.830673
5	0.020029	96.39848	2.226807	1.374708
6	0.020237	95.20350	2.948962	1.847540
7	0.020603	94.44278	3.304452	2.252772
8	0.021007	94.06416	3.462856	2.472987
9	0.021270	93.86670	3.514422	2.618876

图 6－24 是资本账户开放速度变量 VOLNG 的方差分解图。从图中可以看出，资本账户开放自身变量的影响逐渐小幅减弱，到第 5 期降至 95.20%，随后稳定在 94%左右；经济增长与汇率波动对资本账户开放影响很小，在 1～9 期有微弱上升，至 3%上下之后便趋于稳定。

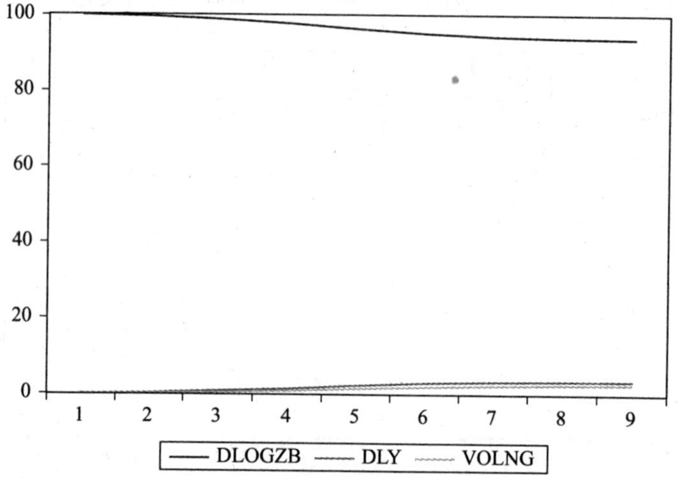

图 6－24　DLOGZB 变量的方差分解

七、VAR 动态模型分析的政策含义

（一）VAR 模型分析的主要结论

概括而言，VAR 模型分析揭示的主要结论包括：

1. 一个标准差资本账户开放冲击对汇率波动的影响：一个标准差资本账户加速开放将在冲击发生后 3～7 个滞后期使汇率波动率加剧，在第 4 期到达峰值，第 7 期恢复至起始水平。可见资本账户开放与经济增长的目标不能兼顾。

2. 一个标准差资本账户加速开放冲击对经济增长的影响：一个标准差资本账户加速开放将在冲击发生后的 2～9 个滞后期对经济增长产生负向影响，使经济增长速度下挫，并在第 4 期使经济增长速度降至最低点，在第 9 期经济增长能恢复至原水平。因此，资本账户开放与经济增长目标不能同时兼得。

3. 一个标准差汇率波动冲击对经济增长的影响：一个标准差的汇率波动冲击在 1～4 滞后期会使经济增长率下降，第 4 期降至最低点，第 5 期经济增长恢复至原来速度，并保持不变至第 8 期。可见，汇率稳定与经济增长目标一致。

（二）VAR 模型动态分析的政策含义

Granger 因果检验揭示，人民币资本账户加速开放将显著引起经济增长的波动。VAR 模型的脉冲响应函数分析进一步证实，加速人民币资本账户开放会使经济增长短期下滑，同时还会加剧汇率波动。由此可见，资本账户开放与经济增长不能同时兼得，汇率稳定也不能兼得。开放人民币资本账户存在风险，需要格外谨慎。

Granger 因果检验还表明，人民币汇率波动加剧会显著引起经济增长的波动。而 VAR 模型的脉冲响应函数分析则进一步揭示，汇率波动会使经济增长短期下挫。因此，人民币汇率制度的设计与安排应该以维持人民币汇率稳定为目标。

第三节　人民币国际化推进战略的政策建议

当前，关于人民币国际化存在一个主要争论就是中国政府是否应该主动推进人民币国际化？回顾货币国际化的历史可以看到：英格兰银行通过英镑汇票控制金本位制是英镑国际化发展的重要推动力量；美国在第一次世界大战前经济实力已经超越英镑，但是美元的国际地位却远不能与其经济实力相匹配。1913 年美国联邦储备银行成立后，美元国际化的步伐明显加快。“美元之所以短时间内迅速实现国际化，是因为美国联邦储备银行在背后有力的支撑”（Eichengreen，2011）。美元国际化靠的不是市场“看不见的手”，而是美联储“强有力的手”。可见政府智慧的顶层设计对货币国际化有关键作用。

根据本书对货币国际化历史的归纳总结以及对全球 8 种主要储备货币国

际化经验的实证分析结果可知：推进人民币国际化的战略包括促进中国经济的持续增长、维持人民币汇率的稳定、开放人民币资本账户，以及在国际金融与贸易领域建立人民币的“网络外部性”。而本章基于多元自回归（VAR）模型的动态分析均揭示，推进人民币国际化的各项战略之间存在诸多矛盾，不能同时兼得：资本账户开放与经济增长不能同时兼得，资本账户开放与汇率稳定也不能兼得。开放人民币资本账户存在风险，需要格外谨慎。因此，政府需要在各项宏观战略之间作出最优选择与安排，从而构筑一套工作机制配合，协调一致推进人民币国际化战略体系。

据权威研究机构预测，未来 30 ~ 50 年中国经济总量将占全球 GDP 的 30% 左右。[①] 作为全球最大经济规模国家的主权货币，人民币国际化必然是大势所趋。根据 IMF 的最新数据：目前全球金融资产总市值约为全球 GDP 的 14 倍，[②] 全球金融泡沫已严重膨胀。2008 年的全球金融危机是金融泡沫从生成到去除的历史转折点，预计未来 5 ~ 10 年，全球将延续“去除金融泡沫”的过程，金融危机也将随之在世界各国此起彼伏地发生。这意味着未来 5 ~ 10 年，人民币国际化需要在全球国际货币金融环境动荡的背景下审慎地推进。在国际环境不稳定，内部条件不成熟的情况下，趋利避害地有序推进人民币国际化，既需要国际社会创造稳定的外部货币环境，也需要中国政府进行总体设计，把握好推进政策的先后顺序和时间节点。

基于本书对人民币国际化的理论与实证分析，我们认为在动荡的国际货币金融环境下，人民币国际化的“前期”，也就是未来 5 ~ 10 年，应该采取“积蓄能量，稳健创造国际需求”的推进战略。稳健创造人民币国际需求的着力点在于：在全球贸易和金融交易中建立人民币的“网络外部性”；保持中国经济的持续增长；以及维持人民币汇率稳定。未来 5 ~ 10 年以后，也就是人民币国际化的“后期”，应该选择合适的时机，以适合的方式完全开放人民币资本账户。

---

① 2010 年 10 月渣打银行全球研究部发表的《超级周期》报告：至 2030 年，中国名义 GDP 全球占比将上升到 24%，而美、欧、日经济总量则下降到 29%。欧洲国际经济智库和法国国际经济智库的联合报告（CEPIIBruegel，2011）则预测：至 2050 年，美国 GDP 全球占比将下降到 11%，中国则上升到 34%。

② 其中，全球传统金融总资产相当于 GDP 的 4 倍；全球金融衍生品账面市值接近 GDP 的 10 倍。

一、鼓励中国产业和金融资本到海外实体扎根建立人民币的“网络外部性”

从国家战略层面来看，人民币国际化的核心利益在于人民币在国际商品和金融交易（尤其是石油等战略资源和资产）方面发挥计价功能，并以此帮助中国摆脱国际汇率风险。而人民币计价功能的发挥依赖于中国企业和金融机构走出海外，在国际贸易、投资、生产和金融活动中取得主导权，形成人民币在国际贸易和金融交易中的“网络外部性”。否则，外国投资者出于升值预期持有的人民币资产会导致中国本土资产泡沫膨胀，一旦撤资就可能引发金融危机，导致人民币国际化进程的逆转。由此可见，人民币国际化最终是“引入”还是“消除”人民币汇率风险，是否能真正实现中国国家核心利益，归根结底取决于中国企业和金融机构能否在国际商品和金融交易中建立起人民币的“网络外部性”。

美国彼得森国际经济研究所的专家 Subramarian（2011）在《大预测》一书中提出，国际货币对其发行国是一把“双刃剑”：美国对美元货币特权的过度开发和利用已经给本国带来产业结构扭曲、就业岗位丢失、对外依赖增大和经济波动加剧等负面效应，产生了类似“荷兰病”的危害。因此，货币国际化应该有个适度区间，否则就会伤害本国经济的长期发展。

国际货币的形成是一个长期的过程，需要从区域化着手。适度的人民币国际化应定位为亚洲区域化，即，以亚洲为重点扩大人民币的使用规模，促进中国的产业资本和金融资本在亚洲和其他地区的产业发展，并从贸易结算转向资本输出，使人民币在以亚洲为主的海外实体经济中扎根，更好发挥其计价功能，逐步形成人民币在国际上使用的“网络外部性”。

二、促进经济发展模式转型和金融体制改革以维持中国经济持续增长

中国经济的持续增长是人民币国际化最重要的决定因素，而中国经济模式转型是实现中国经济持续增长的必要条件：随着美欧相对经济地位下降和财政收缩，支撑中国出口的美欧消费已不再具可持续性，中国经济只

有从出口导向型转为内需拉动型才能保持持续增长的需求动力；同时，中国高投入低效益的传统增长模式已面临严峻的资源环境制约，只有通过改革经济体制提升生产效率才能为持续经济增长提供供给动力。中国经济模式只有向内需拉动和提高效率转型才能支撑国际投资者对中国经济增长的长期信心，为人民币创造持续稳定的国际需求。

金融体制市场化改革是中国经济持续增长必不可少的条件：中国现行的行政垄断型金融体制包括以严格限制市场准入和存款实际负利率为特征的银行业，以及上市融资规模控制和行政审批制度为特征的资本市场。这种金融体制的重要缺陷是长期损害中产阶层的利益，而庞大的中产阶层是中国经济转型过程中开发内需市场和发展服务业必需的前提条件，也是中国经济持续增长的需求动力来源。此外，行政垄断型金融体系现已成为将居民储蓄转化为新型高成长产业投资的制约瓶颈，而高新产业和服务业是经济持续增长的新生动力，必须通过金融体系改革确保其得到持续的资金支持。

三、选择“盯住一揽子货币”可调整汇率制度以维持人民币汇率稳定

国际货币的核心功能是计价，因此，币值稳定是货币国际化的重要前提。8 种主要储备货币 45 年的历史经验也表明，汇率波动对货币国际化有显著副作用。在国际汇率波动和短期资本投机盛行的背景下，中国政府推进人民币国际化宜将稳定人民币汇率作为基本政策。

本书分析结果：人民币固定汇率制度或浮动汇率制度的选择都不是人民币国际化推进战略的最优选择，人民币汇率制度的设计与安排应该以维持人民币汇率稳定为目标。因此，人民币汇率制度应选择“盯住一揽子货币”的可调整汇率制度。具体做法是，货币篮子所选货币的权重在考虑现有的贸易伙伴关系情况下，更需要考虑未来贸易伙伴关系的战略调整目标，需要减少美元与欧元的权重，增加亚洲大国货币的权重，通过相互盯住或相互参照实现亚洲国家汇率关系的相对稳定。在盯住一揽子货币的可调整汇率制度下，中国可凭借大国意志影响市场预期，并可与外汇行政管制和短期资本交易税等经济杠杆一起应对国际投机资本的冲击，给实体经济发

展提供稳定的货币金融环境。

四、在恰当的时机，以合适的方式完全开放人民币资本账户

本章的分析揭示：Granger因果检验表明人民币资本账户加速开放是经济增长波动的Granger原因，VAR脉冲响应函数分析进一步证实加速人民币资本账户会使经济增长短期下滑，并同时会加剧汇率波动。可见，资本账户开放与经济增长不能同时兼得，资本账户开放与汇率稳定也不能兼得。开放人民币资本账户存在风险，需要格外谨慎。因此，在国际金融环境不稳定、国内经济金融体制尚未理顺的情况下，资本账户的完全开放首先必须把握合适的时机。具体地说，在中资企业和金融机构在海外基本建成人民币“网络外部性”、中国经济增长模式成功转型和金融体制市场化改革基本完成、人民币汇率制度改革结束并且人民币汇率进入适度区间之后，人民币资本账户才能完全放开。

另外，人民币资本账户开放还必须选择合适的方式。由于国际货币的“网络外部性”一经形成就会通过其自身“自我强化”机制产生“历史惯性”，从而对后起主权国家货币的国际化具有很大抑制效应。因此，人民币国际化推进策略需要重点关注如何打破在位货币“网络外部性”的问题。我们建议在人民币资本账户开放的时机基本成熟后，即人民币国际化的后期，当国际金融环境相对稳定或出现国际货币危机时，可以通过商品进口、对外投资和对外发行债券等各种方式激进释放人民币的海外供给，以打破货币的“网络外部性”，迅速扩大人民币国际化规模效应。

总之，基于本章理论与实证的分析结果，建议在国际金融环境不稳定、国内经济金融体制尚未理顺的情况下，未来15年人民币国际化应采取“前期稳健创造国际需求、后期激进释放海外供给”的推进战略。

第七章

结论与研究展望

第一节 全书结论

2004年2月香港银行获准试办个人人民币存款业务被视为是人民币国际化迈出的第一步。随后，在中国国际收支经常及资本账户“双顺差”，以及政治和经济原因所致的人民币汇率升值背景下，人民币国际化的脚步从未停止。2008年“次贷危机”，以及其后蔓延至全球的金融危机，使人民币国际化迅速上升为国家金融战略，因为危机凸显“一币独大”的国际货币体系潜在的巨大风险，人们意识到国际货币多元化是未来国际货币体系发展的必然趋势。

中国是当今全球最大经济贸易体之一，由于人民币资本账户管制及不可自由兑换，人民币在国际金融中的地位远不能与其经济地位相匹配。随着中国经济的持续增长及金融管制的逐步开放，人民币必将在国际货币体系中发挥日趋重要的作用，人民币国际化也将成为中国未来几十年经济发展的重中之重。

成功推进人民币国际化不仅可以提高中国在国际货币体系中的地位及话语权，给中国带来深远的国际政治利益，同时还蕴含着巨大的经济利益，包括促进国内贸易投资、深化国内金融市场、实现国际收支赤字融资，以及获得国际铸币收益等。最为关键的是，人民币国际化可以消除发展中国家在国际金融领域的“原罪”，降低国内金融危机的风险。因此，人民币国际化的研究不仅是重要的学术问题，亦是紧迫的政治问题和经济问题。

由于目前学术界对货币国际化基本条件的分析尚无成熟理论，在本书文献检索的最大范围内，关于人民币国际化条件的理论分析几近空白，为此，我们首先仔细梳理了自1344年世界上第一枚金币在英国开始流通至今长达669年国际货币发展的历史脉络，并从中归纳出货币国际化的一般规律：即货币发行国的经济实力、金融市场发展、币值稳定、资本账户开放，及其在国际金融与贸易交易中形成的“网络外部性”是一种货币国际化的基本条件。

接着，本书假设8种主要储备货币（美元、欧元、英镑、马克、日元、法国法郎、瑞士法郎和荷兰盾）在全球中央银行外汇储备中所占比例是衡量各储备货币国际化程度的代理变量，用各储备货币发行国1965~2010年宏观经济与金融的年度数据对货币国际化基本条件的各变量实施量化。再以量化后的变量作为自变量对因变量实施OLS回归分析，以探寻决定货币国际化程度的显著变量，以及影响货币国际地位的主导因素。根据实证分析结果可得到货币国际化的基本条件：即决定储备货币国际地位最重要、最稳定的因素是其发行国的经济规模及其在国际贸易与金融中形成的“网络外部性”；汇率波动明显不利于货币国际地位的提高；资本账户开放和汇率中长期升值有益于储备货币国际地位的发展。

随后，本书利用国际货币基金组织（IMF）、世界银行（WB）以及国际清算银行（BIS）等国际权威机构的公开数据，对人民币国际化的条件，即中国经济与贸易规模、中国金融市场发展、人民币汇率稳定、人民币资本账户开放，以及人民币“网络外部性”实施全面分析。并选取美国、英国、法国、德国和瑞士等主要储备货币发行国以及巴西、印度、俄罗斯（苏联）等“金砖五国”的相应数据，与中国的相应指标实施跨国比较，对人民币国际化的基本条件进行深入解读。并得出关于人民币国际化条件的基本结论：即基于中国经济规模全球第二、贸易规模世界第一，以及庞大的经济贸易规模为人民币“网络外部性”创造的巨大空间，加之人民币汇率近 20 年持续稳定升值的事实，人民币国际化已经具备基本条件。人民币资本账户开放的现状与人民币国际化要求相差甚远，是人民币国际化推进进程中最棘手的难点之一。

接下来利用前面 8 种储备货币回归模型Ⅰ、Ⅱ、Ⅲ所获参数，将中国相应的宏观经济与金融数据代入对应模型，并在 2011～2025 年全球宏观经济金融环境的基本假设以及中国主要显著变量乐观情景假设 A_1、中性情景 A_2 和悲观情景假设 A_3下，对 2025 年前各年人民币国际化的潜能实施“虚拟事实仿真”。结果揭示：在乐观情景假设 A_1下用模型Ⅰ，即仿真（Ⅰ，A_1），对人民币国际化潜能实施仿真，得到 2025 年人民币作为全球中央银行储备货币比例的最高仿真值为 26.41%，这一比例接近 2009 年欧元占全球中央银行体系外汇储备比的最高点 27.56%；模型Ⅱ对 2025 年人民币国际化潜能的仿真值为 12.69%～9.71%，亦超过日元 1991 年的最高点 8.4%；模型Ⅲ的仿真序列前期增速缓慢，增至一定水平后加速上升，表现出“临界点现象”的特点，其仿真结果为 4.48%～2.97%，也相当或超过 2010 年日元 3.8% 和英镑 4% 的潜能。概括而言，人民币在未来 15 年具有超过日元历史最高水平，成为继美元和欧元之后全球第三大国际货币的潜能，并有可能叫板欧元。

根据对全球 8 种储备货币 45 年历史的实证分析结果发现：货币发行国的经济规模、币值稳定、资本账户开放，及货币的“网络外部性”是决定货币国际地位的显著变量。对应地，人民币国际化的推进战略为保持中国经济持续增长、维持人民币汇率稳定，开放人民币资本账户以及构筑人民币在国际贸易与金融交易中的“网络外部性”。本书因此分别基于 IS－LM－BP 模型和多元向量自回归（VAR）模型对人民币国际化的推进战略实施静态与动态的莅临与实证分析。用 1998 年 1 月至 2011 年 4 月中国宏观经济的月度数据对中国 IS－LM－BP 模型进行修正后的分析结果揭示：人民币资本账户开放将加大中国经济波动；固定汇率制度下，无论资本账户开放程度如何，中央银行利用货币政策调节经济的独立性都被维持汇率稳定的责任和义务冲销；而浮动汇率制度下，汇率大幅波动会对经济发展形成冲击。基于 IS－LM－BP 模型的静态分析的政策含义是：在人民币国际化初期，人民币汇率制度安排宜于选择管理浮动汇率制度，待人民币国际化积蓄一定能量后再进一步开放人民币资本账户。

进一步采用多维向量自回归（VAR）模型，通过格兰杰因果检验（Granger Causality Test）、脉冲响应函数（Impulse Response Function）以及方差分解（Variance Decomposition）等多种计量技术对人民币国际化各项推进战略之间的联动关系实施全面的动态分析得到以下结果：Granger因果检验表明人民币资本账户加速开放是经济增长波动的Granger原因，脉冲响应函数分析进一步证实加速人民币资本账户会使经济增长短期下滑，并同时会加剧汇率波动。可见，资本账户开放与经济增长不能同时兼得，资本账户开放与汇率稳定也不能兼得。开放人民币资本账户存在风险，需要格外谨慎；Granger因果检验还表明人民币汇率波动是经济增长波动的Granger原因，脉冲响应函数分析则进一步揭示汇率波动会使经济增长短期下挫。可见，人民币汇率制度的设计与安排应该以维持人民币汇率稳定为目标。VAR模型动态分析的政策含义是：资本账户开放与经济增长不能同时兼得，资本账户开放与汇率稳定也不能兼得。开放人民币资本账户存在风险，需要格外谨慎。总之，经济增长、汇率稳定和资本账户开放的战略目标之间存在矛盾，人民币国际化推进战略的选择需要权衡与取舍。

最后，本书在理论分析的基础上提出人民币国际化的具体政策建议：包括，①鼓励金融资本和实业资本到以亚洲为主的海外实体扎根，以建立人民币在国际贸易和金融交易中的“网络外部性”；②加速中国经济转型和金融改革以促进中国经济持续增长；③选择“盯住一揽子货币”可调整汇率制度以稳定人民币汇率；④在适当的时机以适合的方式完全开放人民币资本账户以打破在位货币的“网络外部性”。概括而言就是：人民币国际化应遵循“前期稳健创造人民币国际需求，后期激进释放人民币海外供给”推进战略。

第二节 研究展望

期待后来的学者在上述方面有所探索和提高：第一，人民币国际化问题是自2008年全球金融危机以来国际货币和金融领域出现的新问题，在本书文献综述的范围尚未发现关于人民币国际化的理论文献，因此，对人民币国际化条件与潜能的理论分析较为薄弱，期待后来者在理论分析上能有新的突破。第二，中国的经济与政治体制与主要储备货币发行国的经济与政治体制显著不同。但由于数据不可获，本书对人民币国际化条件的实证分析中缺乏测度制度因素的代理变量，因此无法测度制度因素对人民币国际化的影响；第三，当前的国际货币经济环境风云变幻，世界经济存在风险与不确定性。在此情形下，本书关于未来15年国际货币经济环境不变的假设可能会使人民币国际化潜能的估计结果相对保守。第四，金融市场对货币国际化的战略推进有重要作用，在本书回归分析中因变量不显著，论述较为薄弱。

参考文献

[1]巴曙松:"人民币国际化从哪里切入",《金融与经济》2003年第8期，第14~15页。

[2]巴曙松、吴博:"人民币国际化进程中的金融监管",《中国金融》2008年第10期,第41~45页。

[3]巴曙松:"香港能成为人民币离岸金融中心吗?",《经济月刊》2002年第11期,第50~52页。

[4]巴曙松、严敏:"人民币现金境外需求规模的简介测算:1999-2008",《上海金融》2010年第2期,第19~25页。

[5]巴曙松、顾磊、严敏:"我国国际收支结构与人民币国际化研究",《中国国情国力》2013年第2期,第34~37页。

[6]卜永祥、泰宛顺:《人民币内外均衡论》,北京大学出版社2006年版。

[7]曹红辉:"人民币区域化的新进展及发展态势",《中国金融》2008年第10期,第44~46页。

[8]曹勇:"人民币国际化论纲",《金融教学与研究》,2005年第5期,第12~14页。

[9]曾宪久、胡定核、黄道平:"中国金融国际化问题初探",《财经科学》1988年第10期,第20~23页。

[10]陈全功、程蹊:"人民币国际化的条件和前景",《华中科技大学学报(社会科学版)》2003年第1期,第72~75页。

[11]陈雨露、王芳、杨明:"作为国家竞争战略的货币国际化:美元的经验证据——兼论人民币的国际化问题",《经济研究》2005年第2期,第35~44页。

[12]丁剑平:"日元国际化镜鉴",《中国外汇》2009年第3期,第11~12页。

[13]东木:“对人民币国际化问题的思考”,《金融教学与研究》2001 年第 5 期,第 21 ~ 23 页。

[14]方星海:“人民币离岸中心:一个草率的主意”,《上海证券报》2003 年 8 月 20 日。

[15]方琢:“货币国际化的影响因素探析”,《国际经济合作》2006 年第 4 期,第 52 ~ 55 页。

[16]高扬:《构建人民币汇率的避风港》,中国经济出版社 2006 年版。

[17]高中良:“人民币离岸经营问题探讨”,《金融理论与实践》2004 年第 3 期,第 41 ~ 43 页。

[18]顾丽妹、王凯庆:“人民币国际化的可行性及长期性”,《经济问题探索》2009 年第 3 期,第 174 ~ 178 页。

[19]关世雄:《亚洲货币一体化研究日元区发展趋势》,中国财政经济出版社 2003 年版。

[20]国务院发展研究中心课题组:《人民币区域化——条件与路径》,中国发展出版社 2011 年版。

[21]韩龙:“论离岸金融市场的监管特色”,《经济评论》2001 年第 6 期,第 78 ~ 81 页。

[22]何帆:《人民币汇率改革的经济学分析》,上海财经大学出版社 2008 年版。

[23]何帆、张明:“国际货币体系不稳定中的美元霸权因素”,《财经问题研究》2005 年第 7 期,第 32 ~ 37 页。

[24]何国华:“西方货币国际化理论综述”,《经济评论》2007 年第 4 期,第 156 ~ 160 页。

[25]河合正弘:《国际金融论》,东京大学出版社 1994 年版。

[26]阕娟:“人民币国际化研究综述及建议”,《沿海企业与科技》2008 年第 11 期,第 4 ~ 7 页。

[27]胡月晓、申红:“货币演进:货币替代与货币合作的综合解释”,《上海金融》2004 年第 3 期,第 26 ~ 29 页。

[28]黄达:“人民币的风云际会:挑战与机遇”,《经济研究》2004 年第 7 期,第 4 ~ 8 页。

[29]黄梅波:“货币国际化及其决定因素”,《厦门大学学报》2001 年第 2

期，第44～50页。

[30]黄燕君：《港币—人民币一体化：意义，条件，前景》，中国社会科学出版社2003年版。

[31]黄益平："国际货币体系变迁与人民币国际化"，《理论参考》2009年第10期，第20～25页。

[32]姜波克、张青龙："国际货币的两难及人民币国际化的思考"，《学习与探索》2005年第4期，第17～24页。

[33]蒋万进、阮健弘、张文红："人民币国际化的基础"，《中国金融》2006年第5期，第16～17页。

[34]金发奇："人民币国际化探讨"，《四川大学学报（哲学社会科学版）》2004年第1期，第36～38页。

[35]菊地悠二：《日元国际化》，中国人民大学出版社2002年版。

[36]李春琦：《中国货币政策有效性分析》，上海财经大学出版社2003年版。

[37]李稻葵、刘霖林："人民币国际化：计量研究及政策分析"，《金融研究》2008年第11期（2008b），第1～16页。

[38]李稻葵、刘霖林："双轨制推进人民币国际化"，《中国金融》2008年第10期（2008a），第42～43页。

[39]李建军、田光宁："三大货币国际化的路径比较与启示"，《上海金融》2003年第9期，第34～35页。

[40]李婧："人民币国际化的现状和前景研究——结项报告"，中国改革基金会招标项目2003年度资助课题，2005年。

[41]李婧：《中国资本账户自由化与汇率制度选择》，中国经济出版社2006年版。

[42]李石凯、杨公齐："金融危机冲击下的人民币贸易结算与人民币国际化"，《广东金融学院学报》2009年第5期，第5～13页。

[43]李薇、杨迁：《全球失衡视角：我国的货币政策与人民币国际化战略》，厦门大学出版社2012年版。

[44]李晓、李俊久、丁一兵："论人民币的亚洲化"，《世界经济》2004年第21期，第21～34页。

[45]李晓："日元国际化的困境及其战略调整"，《世界经济》2005年第6

期，第3～18页。

[46]李瑶："非国际货币、货币国际化与资本项目可兑换"，《金融研究》2003年第8期，第104～111页。

[47]李羽中："关于境外人民币利率的预研究"，《广东社会科学》2004年第4期，第5～11页。

[48]李羽中："国际资本流动风险探析"，《国际贸易》2003年第3期，第49～52页。

[49]李裕："论人民币在我国周边地区流通的影响和国际化前景"，《经济纵横》2002年第2期，第13～15页。

[50]栗志刚："人民币能否国际化"，《外交评论》2006年第10期，第91～95页。

[51]连平：《离岸金融研究》，中国金融出版社2002年版。

[52]梁勤星："对人民币国际化问题的思考"，《西南金融》2003年第7期，第11～15页。

[53]林桂军：《人民币汇率问题研究》，北京对外经济贸易大学出版社1997年版。

[54]刘光灿、蒋国云、周汉勇：《人民币自由兑换与国际化》，中国财政经济出版社2003年版。

[55]刘力臻、王益明："人民币国际化下的货币政策效应分析"，《税务与经济》2005年第4期，第1～6页。

[56]刘力臻、徐奇渊等：《人民币国际化探索》，人民出版社2006年版。

[57]鲁国强："我国离岸金融市场监管模式的选择"，《南方金融》2008年第3期，第36～38页。

[58]鲁世巍：《美元霸权与国际货币格局》，中国经济出版社2006年版。

[59]鲁政委："人民币国际化：历史潮流与政策选择"，《理论参考》2009年第10期，第38～40页。

[60]马骏、徐剑刚等：《人民币走出国门之路——离岸市场发展与资本账户开放》，中国经济出版社2012年版。

[61]马韧韬、周永坤："货币互换：参与国际金融救援及推动人民币国际化的有效工具"，《中国金融》2009年第4期，第20－21页。

[62]马荣华、饶晓辉："人民币境外需求估计"，《中国经济金融观察》

2007 年第 2 期,第 50 ~ 59 页。

[63]马素红:“透析香港人民币业务”,《国际金融报》2004 年 4 月 9 日。

[64]麦金龙、大野健一:《美元与日元》,上海远东出版社 1999 年版。

[65]密桦、程勇:“加快人民币国际化的路径探析”,《对外经贸实务》2009 年第 4 期,第 87 ~ 89 页。

[66]聂利君:《货币国际化问题研究——兼论人民币国际化》,光明日报出版社 2001 年版。

[67]潘英丽:“国际经验教训与人民币国际化的条件”,《文汇报》2009 年 5 月 20 日。

[68]潘英丽:“中国国际金融中心的崛起:沪港的目标定位与分工”,《世界经济》2003 年第 8 期,第 15 ~ 21 页。

[69]彭兴韵:“控制外汇储备过快增长的长远战略在于人民币的国际化”,《经济社会体制比较》2006 年第 6 期,第 82 ~ 87 页。

[70]秦月星:“从美元的逻辑看人民币国际化进程”,《财政研究》2010 年第 5 期,第 34 – 36 页。

[71]石杰:“人民币国际化战略的现实选择”,《经济研究参考》2008 年第 64 期,第 58 ~ 63 页。

[72]史薇:“发展我国离岸金融市场问题探讨”,《金融研究》1999 年第 5 期,第 53 ~ 57 页。

[73]舒畅:“从三大货币国际化经验看人民币国际化的可能途径”,《经济论坛》2006 年第 24 期,第 66 ~ 67 页。

[74]吴君、潘英丽:“体现国家核心利益的人民币国际化路径”,《国际经济评论》2012 年第 3 期,第 99 ~ 109 页。

[75]吴君、潘英丽:“人民币国际化文献综述”,《现代管理科学》2012 年第 10 期,第 24 ~ 26 页。

[76]吴君、潘英丽、周兆平:“人民币国际化条件的实证解读”,《上海管理科学》录用。

[77]钟伟:“略论人民币的国际化进程”,《世界经济》2002 年第 3 期,第 56 ~ 59 页。

[78]宋建军:“人民币成为储备货币的条件探讨”,《国际金融与投资》2007 年第 3 期,第 31 ~ 35 页。

[79]宋敏、屈宏斌、孙增元:《走向全球第三大货币——人民币国际化问题研究》,北京大学出版社2011年版。

[80]孙海霞:"日元国际化进程和对人民币国际化的启示",《亚太经济》2010年第1期,第30~34页。

[81]孙健等:"从三大货币发展历程看人民币国际化战略的路径选择",《中国对外开放》2005年第2期,第69~71页。

[82]唐浩:《人民币国际化——演化与实现路径》,科学出版社2012年版。

[83]唐双宁:"美元、人民币和世界货币",《21世纪经济报道》2008年11月30日。

[84]唐双宁:"美元、人民币和世界货币——基于国际货币体系三十年周期演变的思考",《财经问题研究》2009年第4期,第44~47页。

[85]王冉冉:"香港人民币离岸金融中心——人民币自由兑换及国际化的必然选择",《对外经贸实务》2003年第1期,第9~16页。

[86]王雅范、管涛、温建东:《走向人民币可兑换:中国渐进主义的实践》,经济科学出版社2002年版。

[87]王元龙:"人民币国际化的全方位风险控制",《经济研究参考》第2009年第60期。

[88]王元龙:"人民币资本项目可兑换与国际化的战略及进程",《中国金融》2008年第10期,第36~39页。

[89]吴福林:"论国际货币与货币的国际化",《经济学家》1991年第2期,第74~82页。

[90]吴念鲁:"世界经济四大特征",《国际金融报》2002年12月25日。

[91]夏斌、陈道富:《中国金融战略:2020》,人民出版社2011年版。

[92]熊凌、孙轶佳、吕妍:"在香港建立人民币离岸金融中心的利弊分析及有效途径",《经济论坛》2004年第14期,第28~29页。

[93]修晶:《货币国际化与国际货币竞争》,中国社会科学出版社2012年版。

[94]徐明棋:"从日元国际化经验看人民币国际化与区域化",《世界经济研究》2005年第12期,第39~44页。

[95]徐奇渊、李婧:"国际分工体系视角的货币国际化:美元和日元的典

型事实”,《世界经济》2008 年第 2 期,第 30 ~ 39 页。

[96]许明朝、高中良:“人民币离岸中心发展与监管研究”,《金融理论与实践》2008 年第 1 期,第 36 ~ 42 页。

[97]杨海珍、赵颖:“香港人民币离岸中心建立模式与效应分析”,《金融管理》2003 年第 11 期,第 29 ~ 33 页。

[98]叶辅靖、张琪:“新兴市场国家对资本流动的监管”,《经济研究参考》2002 年 6 月 14 日。

[99]余永定:“从当前的人民币汇率波动看人民币国际化”,《国际经济评论》2012 年第 1 期,第 18 ~ 26 页。

[100]余永定:“打破升值恐惧症,实现经济的平衡发展”,《国际经济评论》2003 年第 10 期,第 5 ~ 11 页。

[101]余永定、何帆、李婧:“亚洲金融合作:背景,最新进展与发展前景”,《国际金融研究》2001 年第 2 期,第 6 ~ 12 页。

[102]余永定:“日元贬值与中国的对策”,《国际经济评论》2002 年第 12 期,第 5 ~ 8 页。

[103]余永定:“中国应从亚洲金融危机中汲取的教训”,《金融研究》2000 年第 12 期,第 1 ~ 13 页。

[104]张光平:“人民币产品创新和风险管控”,《国际金融研究》2006 年第 8 期,第 4 ~ 10 页。

[105]张国庆、刘骏民:“日元国际化:历史,教训与启示”,《上海金融》2009 年第 8 期,第 56 ~ 60 页。

[106]张洪梅、刘学梅、杨勇:“欧元国际化经验对人民币国际化的启示与借鉴”,《工业技术经济》2008 年第 12 期,第 151 ~ 154 页。

[107]张青龙:“人民币国际化的经济效应:一般均衡分析”,《世界经济研究》2005 年第 8 期,第 44 ~ 48 页。

[108]张燕生、贺力平:《“不可能三角”再探讨》,中国商务出版社 2011 年版。

[109]张宇燕:“货币的性质与人民币的未来选择”,《当代亚太》2008 年第 2 期,第 9 ~ 43 页。

[110]赵海宽:“货币政策目标应考虑修订”,《金融时报》2003 年 8 月 11 日。

[111]赵海宽:“论人民币可能成为世界货币之一”,《中央财经大学学报》2002年第5期,第1~5页。

[112]赵海宽:“人民币国际化不一定要先成为区域货币”,《21世纪经济报道》2009年3月25日。

[113]赵海宽:“人民币可能发展成为世界货币之一”,《经济研究》2003年第3期,第54~60页。

[114]赵冉冉:“人民币国际化背景下我国推动人民币加入SDR的动机及路径”,《国际金融研究》2013年第3期,第49~57页。

[115]郑木清:“论人民币国际化的道路”,《复旦学报(社会科学版)》1995年第2期,第20~25页。

[116]郑木清:“论人民币国际化的经济效应”,《国际金融研究》1995年第7期,第34~35页。

[117]中条诚一、郑甘澍译:“亚洲的日元国际化”,《经济资料译丛》2004年第2期,第22~26页。

[118]钟伟:“略论人民币的国际化进程”,《世界经济》2002年第3期,第56~59页。

[119]钟伟:“人民币在周边国家流通的现状,问题及对策”,《管理世界》2008年,第165页。

[120]周林、温小郑:《货币国际化》,上海财经大学出版社2001年版。

[121]周小川:“关于改革国际货币体系的思考”,《中国金融》2009年第7期。

[122]周元元:“中国—东盟区域货币合作与人民币区域化研究”,《金融研究》2008年第5期,第163~171页。

[123]朱超:“货币错配:一种新的制度模型”,《数量经济技术经济研究》2008年第1期,第85~96页。

[124]宗良、李建军:《人民币国际化——理论与前景》,中国金融出版社2011年版。

[125]邹福阳、郭军、马蓉、杨凯:“人民币国际化:条件、影响及政策建议”,《山东经济》2007年第5期,第87~90页。

[126]左连树、王洪良:《国际离岸金融市场理论与实践》,中山大学出版社2002年版。

[127]Alan V. Deardorff. One-way Arbitrage and Its Implications for the Foreign Exchange Markets. The Journal of Political Economy, 1979, Vol. 87, No. 2, P351 ~364.

[128]Aliber Robert. The Costs and Benefits of the U. S. Role as a Reserve Currency Country. Quarterly Journal of Economics, 1964, Vol. 78, No. 3, pp. 442 ~456.

[129]Aliber, Rovert Z. The Interest Rate Parity Theorem: A Reinterpretation. The Journal of Political Economy, 1973, Dec. pp. 1451 ~1459.

[130]Anatol B. Balbach and David H. Resler. Eurodollars and the U. S. Money Supply. Federal Reserve Bank of St. Louis Review, 1980, 62(6):2 ~12.

[131]Bergsten, C. Fred. The Dilemma of the Dollar: The Economics and Politics of United States. International Monetary Policy, New York University Press, 1975.

[132]Betts, Caroline and Devereux, Michael B. Exchange Rate Dynamics in a Model of Price-to-Market. Journal of International Economics, 2000, Vol. 50, No. 4, pp. 485 ~499.

[133]Black, S. Transactions Costs and Vehicle Currencies. Journal of International Money and Finance, 1991, 10(4).

[134]Blinder, S. A. The Role of the Dollar as an International Currency. Eastern Economic Journal, 1996, Vol. 22, pp. 241 ~268.

[135]Brendan Brown. The Forward Market in Foreign Exchange: A Study in Market-making. Arbitrage and Speculation, Croom Helm Ltd, 1983.

[136]Brunner, Karl and Meltzer, Allan H. A Monetarist Framework for Aggregative Analysis1. Proceedings of First Konstanzer Seminar on Monetary Theory and Monetary Policy Supplement to Credit and Capital, 1972.

[137]Bruno H. Solnik. An International Market Model of Security Price Behavior. The Journal of Financial and Quantitative Analysis, 9(4): pp. 537 ~554.

[138]Chen, Hongyi and Peng, Wensheng. The Potential of the RMB as an International Currency. HKMA, China Economics Issues.

[139]Chinn Menzie and Frankel Jeffrey. Will the Euro Eventually Surpass

the Dollar as leading International Reserve Currency? . NBER Working Paper 2007, No. 11510.

[140]Cohen, Benjanmin J. The Further of Sterling as an international Currency. Macmillan: London. 1971.

[141] Corden, W. M. Monetary Integration: Essays in International Finance. International Finance Section, 1972. No. 93. Princeton University, Department of Economics.

[142]De Grauwe, Paul. The Economics of Monetary Integration. Oxford: Oxford University Press,1997, Third Edition.

[143] Devereux, Michael B. and Engel, Charles. Monetary Policy in the Open Economy Revisited: Price Setting and Exchange Rate Flexibility. NBER Working Paper, National Bureau of Economic Research, 2000.

[144] DSG Asia. Reserving Judgement on RMB Reserve Status. 29 September,2010.

[145]Duddington. T. J. The Macroeconomic of International Currencies: Theory, Policy and Evidence. Journal of Economic Literature, 1998, Vol. 98, No. 4, pp. 169 ~ 198.

[146]Eichengreen Barry. The Euro as a Reserve Currency. Journal of the Japanese and International Economics, 1998, Vol. 36. pp. 135 ~ 161.

[147] Eichengreen Barry. Sterling's Past, Dollar's Future: Historical Perspectives on Reserve Currency Competition. NBER Working Paper, 1998, No. 11336.

[148]Eichengreen, Barry. History and Reform of the International Monetary System. Center for International and Development Economics Research (CIDER) Working Papers 1994. C94 - 041, University of California at Berkeley.

[149] Eichengreen, Barry. Exorbitant Privilege: The Rise and Fall of the Dollar and the Future of the International Monetary System. 2011, Oxford University Press.

[150] Ericsson, N. R. Empirical Model of Money Demand. Empirical Economics, 1998, (23), pp. 295 ~ 315.

[151]Fama, Eugene. Efficient Capital Markets: A Reviewed of Theory and

Empirical Work. Journal of Finance, 1995, 25, pp. 1689 ~ 1729.

[152]Flemling, M. J. Domestic Financial Policies under Fixed and Floating Exchange Rates. IMF Stall Paper. 1962.

[153]Frankel, J. A. No Single Currency Regime is Right for All Countries or at All Times. Essays in International Finance, Princeton University. 1999.

[154] Frankel, Jeffrey A. Still the Lingua Franca. Foreign Affairs, July-Aug. 1995, 74(4) ,pp. 9 ~ 16.

[155]Frenkel, J, A. The Forward Exchange Rate, Expectations and the Demand for Money: The German Hyperinflation. American Economic Review, 1977, 64, pp. 653 ~ 670.

[156]Frenkel, J, A. Exchange Rates, Prices, and money: Lessons from the 1920's. American Economic Review, Papers and Proceedings, 1980,70, pp. 235 ~ 242.

[157] Friberg, Richard. In Which Currency Should Exporters Set Their Prices? . Journal of International Economics, 1998. Vol. 45, pp. 59 ~ 76.

[158]Fujiki, Hiroshi and Otani, Akira. Do Currency Regimes Matter in the 21st Century?, An Overview. Monetary and Economic Studies, Institute for Monetary and Economic Studies , Bank of Japan , 2002. Vol. 20 (S1), pp. 147 ~ 179.

[159]Hakkio, Craig S. Expectations and the Forward Exchange Rate. International Economic Review, 1981, Oct. 22(3), pp. 663 ~ 678.

[160]Hakkio, Craig S. Expectations and the Forward Exchange Rate. International Economic Review. , 1981, 22(3), Oct. pp. 663 ~ 678.

[161]Hansen, Lars P, and Hodrick, Robert J. Forward Exchange Rates an Optimal Predictors of Future Spots Rates: An Econometric Analysis. The Journal of Political Economy, 1988(5), Oct. pp. 829 ~ 853.

[162]Hansen, Lars P, and Hodrick, Robert J. Forward Exchange Rates an Optimal Predictors of Future Spots Rates: An Econometric Analysis. The Journal of Political Economy, Oct, 88(5), pp. 829 ~ 853.

[163]Hartmann, P. Currency competition and foreign exchange markets-The Dollar, the Yen and the Euro. 1998, Cambridge University Press.

[164]Hartmann, P. The International Role of Euro. Journal of Policy Modeling, 2002. Vol. 24,p. 315.

[165]Hayek. Denationalization of Money. London : Institute of Economic Affairs, 1978.

[166]He, Dong and McCauley, Robert N. Offshore Markets for the Domestic Currency: Monetary and Financial Stability Issues. HKMA, Working Paper 02/2010, 17 March.

[167]International Monetary Fund. Survey on Foreign Exchange Market Organization, 2001.

[168]John H. Makin. Can China's Currency Go Global? . AmericanPublic Policy Research, Februry 2011.

[169] Kamps Annette. The Euro as invoicing currency in international trade. Working paper series 2006, No. 665.

[170] Kenen, Peter. The Role of the Dollar as an International Currency. Occasional Paper 1983, No. 13, Group of Thirty, NY.

[171]Kenneth S. Chan. The Internationalization of Hong Kong Dollar; An Analytical Framework. 2001.

[172]Kevin Clinton. Transactions Costs and Covered Interest Arbitrage: Theory and Evidence. The Journal of Political Economy, 1988, Vol. 96, No. 2, pp. 358 ~ 370.

[173]Krugman, Paul. Vehicle Currencies and the Structure of International Exchange. Journal of Money , Credit and Banking , 1980. pp. 513 ~ 526.

[174]Kupferman, Martin, and Maurice D. Levi. Taxation and the International Money Market Investment Decision. Financial Analyst Journal. 1978, 34, Jul. - Aug, pp. 61 ~ 64.

[175] Kurgman P. What happened to Asian. . http://web. mit. edu/Krugman/www,1998.

[176]Lance Girton, Don Roper. Theory and Implication of Currency Substitution. Journal of Money, Credit and Banking, 1981, 1(13) , pp. 12 ~ 30.

[177]Lawrence J. Broz, etc. The Political Economy of Monetary Institutions, Introduction to a Special Issue of International Organization on the Political Econo-

my of Monetary Institutions. 2002.

[178] Lim, Ewe-Ghee. The Euro's Challenge to the Dollar: Different Views from Economists and Evidence from COFER (Currency Composition of Foreign Exchange Reserves) and other Data. IMF Working Paper, 2006, WP/06/153.

[179] Lindert Peter H. Key Currencies and Gold, 1900 - 1913. Princeton Studies in International Finance, 1969, No. 24, International Finance Section, Department of Economics, Princeton University.

[180] Matsuyama K., N. Kiyotaki and A. Matsui. Toward a Theory of International Currency. Review of Economic Studies, 1993, Vol. 60, pp. 283 ~ 307.

[181] Mckinnon, R. I. Portfolio Balance and International Payments Adjustment in Monetary Problems of the International Economy. Chicago: University Press, 1969. pp. 199 ~ 234.

[182] Meade, J. E. The Theory of International Economic Policy. vol1: The Balance of Payment. London: Oxford University Press, 1951.

[183] Menzie D. Chinn and Jeffrey A. Frankel. The Euro May Over the Next 15 Years Surpass the Dollar as Leading International Currency. NBER Working Paper, 2008, No. 13909.

[184] Mundell R A. Capital Mobility and Stabilization Policy under Fixed and Flexible Exchange Rate. Canadian Journal of Economics and Political Science, XXIX(4), November, 1963.

[185] Mundell, R. A. The International Financial System and Outlook for Asian Currency Collaboration. The Journal of Finance, 2003. Vol. 58, No. 4, Aug, pp. 3 ~ 7.

[186] Nicholas Lardy and Patrick Douglass. Capital Account Liberalization and the Role of the Renminbi. Peterson Institute for International Economics Working Paper, Februry. 2011.

[187] Paola Subacchi. One Currency, Two Systems: China's Renminbi Strategy. Chatham House brief paper, October. 2010.

[188] Posen, S. A. It's Not Just about the Money. The International Economy, 2008, Spring.

[189] Rajan, S. R. and Kiran. J. Will the Greenback Remain the World's

Reserve Currency? . Intereconomics. May-June, 2006.

[190] Rey, H. International Trade and Currency Exchange. Review of Economic Studies, 2001, pp. 443 ~ 464.

[191] Robert Z. Aliber. The Cost and Benefits of the U. S. Role as a Reserve Currency Country. Quarterly Journey of Economics, 1964, 78(3), pp. 446 ~ 447.

[192] Swoboda, A. and Mundell, R. A. Monetary Problems of the International Economy. University of Chicago Press. 1969.

[193] Tavals, George S. Internationalization of Currencies: The Case of the US Dollar and Its Challenger Euro. The International Executive , 1998. p. 581.

[194] Tavlas, G. S. Internationalization of currencies: The Case of the US Dollar and Its Chanllenger Euro. NBER Working Paper, 1997, No. 11205.

[195] Tavlas, George S. The International Use of the US Dollar: An Optimum. Currency Area Perspective. The World Economy, 1997, 20(6) , pp. 709 ~ 747.

[196] Triffin, Robert. Gold and the Dollar Crisis: the Future of Convertibility. New Haven: Yale University Press. 1961.

[197] Von Furstenberg, George M Geneva. One Region, One Money: Implications of Regional Currency Consolidation for Financial Services. Papers on Risk & Insurance-Issues & Practice, Jan 2002, Vol. 27. Issue 1.

[198] Wu Jun, Pan Yingli and Zhu Qi. The Conditions and Potential of RMB as an International Reserve Currency. China Finance Review International, forthcoming.